# ଖେତପୁରାଣ

# ଖେତପୁରାଣ

## ଅଖିଳ ନାୟକ

BLACK EAGLE BOOKS
2021

BLACK EAGLE BOOKS

USA address:
7464 Wisdom Lane
Dublin, OH 43016

India address:
E/312, Trident Galaxy, Kalinga Nagar,
Bhubaneswar-751003, Odisha, India

E-mail: info@blackeaglebooks.org
Website: www.blackeaglebooks.org

First International Edition Published by
BLACK EAGLE BOOKS, 2021

**KHETAPURANA**
by **Akhila Nayak**

Copyright © **Akhila Nayak**

All rights reserved. No part of this publication may be reproduced, stored in a retrieval system, or transmitted, in any form or by any means, electronic, mechanical, photocopying, recording or otherwise without the prior permission of the publisher.

Cover Art: **Naresh Suna**
Inner BW Art: **Tapu Nayak**
Interior Design: Ezy's Publication

ISBN- 978-1-64560-171-5 (Paperback)

Printed in United States of America

ନିୟମଗିରିର ଭଅଁରମାରୀଗଛ ଓ
ଢିଙ୍କିଆ ଚାରିଦେଶର କୁନିକୁନି ପାନପତରମାନଙ୍କୁ...

ସଂକଳିତ କବିତାଗୁଡ଼ିକ ୨୦୦୫ ରୁ ୨୦୧୫ ମଧ୍ୟରେ ଲିଖନ-ପୁନର୍ଲିଖନ, ମାର୍ଜନ-ପୁନର୍ମାର୍ଜନ ଓ ସମ୍ପାଦନା ଇତ୍ୟାଦି ପ୍ରକ୍ରିୟାରେ ରଚିତ ଓ ବିଭିନ୍ନ ସମୟରେ ଏକାଧିକବାର ଏକାଧିକ ପତ୍ର-ପତ୍ରିକାରେ ପ୍ରକାଶିତ । ଏହି ଅବସରରେ ଚନ୍ଦ୍ରଭାଗା, ନିସାନ୍, ସଚିତ୍ର ବିଜୟା, ଅନ୍ୟା, ଅମୃତାୟନ, ଲେଖାଲେଖି, ଜନବାଦୀ, ସମ୍ବାଦ ଇତ୍ୟାଦି ପତ୍ରପତ୍ରିକାର ସମ୍ପାଦକମାନଙ୍କ ନିକଟରେ ବିନମ୍ର କୃତଜ୍ଞତା ।

ପ୍ରଚ୍ଛଦ ଚିତ୍ର ପାଇଁ ସାନଭାଇ ନରେଶ ସୁନା ଓ ଅନ୍ୟ ଅଙ୍କନ ପାଇଁ ତପୁ ନାଏକଙ୍କୁ ଚିରହରିତ ଶ୍ରଦ୍ଧା ।

ଅଗ୍ରଜ ବନ୍ଧୁ ଲେନିନ୍ କୁମାର ଅଯାଚିତ ଆଗ୍ରହରେ ପୃଷ୍ଠବନ୍ଧଟି ପ୍ରସ୍ତୁତ କରିଛନ୍ତି, ତାଙ୍କୁ ମୋର ଅଜସ୍ର ଭଲପାଇବା ।

'ବ୍ଲାକ ଇଗଲ୍ ବୁକ୍ସ୍'ର ସତ୍ତ୍ୱାଧିକାରୀ ସତ୍ୟ ପଟ୍ଟନାୟକଙ୍କ ପାଖରେ ଋଣ ସ୍ୱୀକାର କରୁଛି ।

# କବିତାକ୍ରମ

| | |
|---|---|
| ଅଣ୍ଡିରାଚଣ୍ଡୀ | ୧୧ |
| ଆଜିର ବର୍ଣ୍ଣବୋଧ | ୧୫ |
| ଖେତପୁରାଣ | ୨୨ |
| ସତ୍ୟ-ବେପାର | ୨୭ |
| ଦେଶଦ୍ରୋହୀ | ୩୫ |
| ଜଙ୍ଗଲି ଗୀତ | ୫୦ |
| ରସନା | ୫୬ |

# ଅଣ୍ଡିରାଚଣ୍ଡୀ

ଖାଲି ଆପଣ କ'ଣ,
ରାମା, ଦାମା, ଶାମା ଦୁନିଆ ଜାଣିଚି,
କବିତା ବନିତା ।
ଦୁନିଆ ଜାଣିଚି,
ବନିତା ମାନେ ଝିଅ ।

ତା'ବୋଲି କ'ଣ
ଦେହ ତାର ହବ କନକଶିଖା,
ମୁହଁ ପୂର୍ଣ୍ଣିମୀ ଜହ୍ନ,
ଓଠ ପକ୍ୱବିମ୍ବ,
ଛାତି କୋକନଦକୋରକ,
ଆଖି ତାର ହବ ଖେଳଲୋଳଖଂଜନ ?

ନାଁ ଜନାବ୍,
ଝିଅ ହେଲା ବୋଲି
ତାର
ହସରେ ମଧୁ,
କଥାରେ କାକଳି,
ଗହାଣୀରେ ମଦିରା
ଝରିବା
ଜରୁରୀ ନୁହେଁ,
ଜରୁରୀ ନୁହେଁ ।

ଯାକୁ ଦେଖ,
ଯେ ଜନମୁଜନମୁ
ଆୟାକୁ ଯାର ଟାଣିନେଲା ମଶାଣି,
ସ୍ୱପ୍ନମାନଙ୍କ ରଙ୍ଗ ଚିହ୍ନୁ ଚିହ୍ନୁ
ପାହାଡ଼ ସେପଟେ ବୁଡ଼ିଗଲା ଯାର ଆବା
ତା'ପରଠୁ
କୁକୁଡ଼ାଡକାରୁ ପାଞ୍ଚଘରେ ଖଟଣି ।

ଦୁଃଖ ଏତିକି,
ଯମକୁ ସଁପାକଟା କରି ବି
ଜୀବନର ଯନ୍ତାରୁ ମୁକୁଳିପାରୁନଥିବା ଜେଜେମାର
କଣା କଂସାରେ
ତଥାପି ଭରିପାରୁନି ଅଇଁଠାଲିତା ତୋରାଣି ।

ବୟସ ସିନା ବସନ୍ତ,
ଦେହରେ ନାହିଁ ପେନ୍ଥାଏ ହେଲେ ବଉଳ,
ମୁହଁ ଲହଲହ ମଶାଲ,
ଆଖି ରୁମ୍‌କୁଥିବା ବାରୁଦ
ହସରେ କେବେ ଘଡ଼ଘଡ଼ି ଚଡ଼ଚଡ଼ି ତ
କେବେ ଫଁ ଫଁ ତୋଫାନ,
କଣ୍ଠରେ ଘୃଣା, ଧିକ୍କାର, ଖଂକାର ।

ଯେ ବି ଜଣେ ଝିଅ, ଜନାବ୍,
ଯା ନାଁ ବି କବିତା ।
ହେଲେ, ରସ ନୁହେଁ,
ଯାଠି ଖାଲି ଖଳଖଳ ଜହର ।

ଆପଣ ତ ହେଲେ ରସିକ ଲୋକ,
ରସ ଖୋଜିବେ
ରସ ନାହିଁ ବୋଲି
ଆପଣ ଯଦି ୟାକୁ ଡାକନ୍ତି ଅଣ୍ଡିରାଚଣ୍ଡୀ,
ସେଥିରେ ତିଳେ ବି ଆପତ୍ତି ନାହିଁ ଆମର ।

MUSEUM
PKnaik 2020

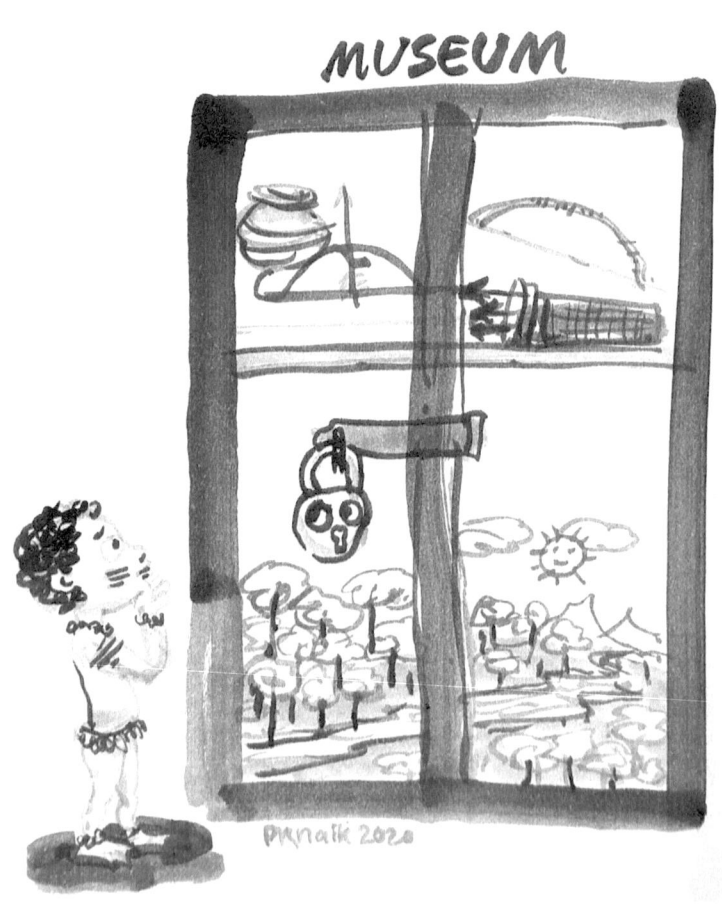

# ଆଜିର ବର୍ଣ୍ଣବୋଧ

**ଅ**

ଅଛୁଆଁ ବୋଲି ଟେକୁଚ ନାକ,
ନାକରେ କେତେ ସିଂଘାଣି ଦେଖ !

**ଆ**

ଆଇନ୍ ଆକଟ ମାନିବୁ ନାଇଁ,
ଦରକାର ହେଲେ
ତୀର ଚଳେଇବୁ ଜୀବନ ପାଇଁ ।

**ଇ**

ଇଟାଭାଟିରୁ ଉଠୁଚି ଧୂଆଁ,
ଫେରିଆ ବୋଲି
ଲୁହରେ ଲେଖିଚି ପାଗେଲୀ ଗାଁ ।

**ଈ**

ଈଶ୍ୱର ସତେ କେତେ ଉଦାର,
ମଥାରେ ତା'ର ମୂତେ କୁକୁର !

**ଉ**

ଉଷୁନା ଧାନ ହୋଇବ ଗଜା,
ଘାସ ଖାଇବ ବଣର ରଜା !

**ଊ**

ଊର୍ବର ଖେତ କଂପାନୀ ନେଲା,
ଝୋଡ଼ିଆ ଧଙ୍ଗରା ଜିଅଲ ଗଲା ।

**ଋ**

ଋଖାରେ ଜଳୁଚି ଘିଅ ବଇଠା,
ହାକିମ ରଚୁଚି ମନ୍ତ୍ରୀ ଅଇଁଠା ।

**ଏ**

ଏରୁଣ୍ଡି ସେପାଖେ ହୋଇଣ ଛିଡ଼ା,
ଭିକ ମାଗୁଅଛି ବ୍ରାହ୍ମଣ ବୁଢ଼ା ।

**ଐ**

ଐରାବତ ଜାତିରେ ହାତୀ,
ମରୁନି ଯାହା ଖଟୁଚି ଗୋଟି ।

**ଓ**

ଓଲେଇ ଗାଈ ମାରୁଚି ନାତ,
ପୂରୁଚି ତେଣୁ ବାଛୁରି ପେଟ ।

**ଔ**

ଔଷଧ ଖାଇ ମରିଲା ରୋଗୀ,
ବିଭୂତି ବାଣ୍ଟିଲା ମଶାଣି ଯୋଗୀ ।

**କ**

କରୁଣା ଫରୁଣା ଲୋଡୁନି ଆଉ,
କୈବଲ୍ୟକଣା ଚୁଲିକୁ ଯାଉ ।

**ଖ**

ଖଣ୍ଟ ହାତରେ ଗାଉନ୍ ଡ଼ୋରି,
ଖଟିଖିଆର ହାତରେ କଡ଼ି ।

**ଗ**

ଗଉଁତିଆର କେଡ଼େ ଘମଣ୍ଡି,
ଆପଣା ମାଆକୁ ଡାକୁଚି ରଣ୍ଡି ।

**ଘ**

ଘୁଅରେ କୁକୁର ମାରୁଚି ମୁହଁ,
ତା'କୁ ଚୁମୁଅଛି ତିଆଡ଼ୀ ପୁଅ ।

**ଙ**

ଙ ବିଚରା ଜନମୁ ମୂକ,
ପର ବୋଝ ବହି ସରୁନି ଦୁଃଖ ।

**ଚ**

ଚୁଟିଆ ମୂଷା କାଟିଲା ଚୁଟି,
ଗୋସେଇଁ କାନ୍ଦନ୍ତି ନିଦରୁ ଉଠି ।

**ଛ**

ଛାରପୋକର ଦେଖ ଛଟକ,
ରକତ ଶୋଷି ଭଦରଲୋକ ।

**ଜ**

ଜୋକକୁ ଲୁଣ, ମଶାକୁ ଧୂଆଁ,
ଉକୁଣି ନିଖକୁ ଶିଙ୍ଗପାନିଆ ।

**ଝ**

ଝଡ଼ରେ ଉପୁଡ଼େ ବିଶାଳ ଗଛ,
ଘାସର ଓଠରେ ଉକୁଟେ ହସ ।

**ଞ**

ଖଞ୍ଜଣି ବଜେଇ ଅଲେଖବାବା,
ହାଇକୋର୍ଟରେ ଠୁଙ୍କିଲା ଦାବା ।

**ଟ**

ଟନିକ୍ ବିକିଲା ପାନ ଦୋକାନୀ,
ଝିଣ୍ଟିକା ଟାଣିଲା ଝିଅଙ୍କ କାନି ।

**ଠ**

ଠଣ୍‌ଠଣ୍ ମଦନ ଗୋପାଳ,
କ୍ରିକେଟ୍ ଖେଳରେ ହାରିଲା ବାଜି ବୁବୁରିବାଳ ।

**ଡ**

ଡମପଡ଼ାରେ କୋଠାଘର,
ଭଲପଡ଼ାରେ କମ୍ପଜ୍ୱର ।

ଢ

ଢିଙ୍କିର ଶମା, ଡଙ୍ଗାର କାତ,
ଆମର ଗୋଡ଼, ଆମର ହାତ ।

ଣ

ପଣ କରିଚି ଦେଶ ସେବକ,
ବିକିବ ଖଣି, କିଣିବ ଭୋକ ।

ତ

ତମ୍ବୁରେ ପଶିଲା ଗାଈ,
ରିଲିଫ୍ ମାଗିବା ପାଇଁ ।

ଥ

ଥନ୍ତଲପେଟ ଯାହାର,
ଖାଇବ ଗୋଇଠା ପାହାର ।

ଦ

ଦଣ୍ଡିବା ଶକ୍ତି ଯା'ର ନାହିଁ,
ସେ ଏକା କ୍ଷମା ଆଚରଇ ।

ଧ

ଧନ ଦେଲେ ହୃଦୟ ମିଳେ,
ହୃଦୟ ଦେଲେ ହସନ୍ତି ଶଳେ ।

ନ

ନମସ୍କାର, ଦଣ୍ଡବତ, ନମସ୍କାର...
କବିକୁ ଦିଅ ଗାମୁଛା ଖଣ୍ଡେ ପୁରସ୍କାର ।

ପ

ପଣ୍ଡିତ ପୁଅ ବିକୁଚି ଜୋତା,
ତଥାପି କିଆଁ ପିନ୍ଧେ ପଇତା ?

ଫ

ଫଟ୍‌ଫଟିରେ ଜଙ୍ଗଲିବାବୁ,
ଗାଁକୁ ଆସି ମାଗଇ ଡାବୁ ।

ବ

ବଲାଙ୍ଗିରର ଲୋୟର୍ ସୁକ୍‌ତେଲ୍,
ଠିକାଦାରର ପକେଟ୍ ଗରମ,
ଚଷୀ ମୂଲିଆଙ୍କ ହାର୍ଟଫେଲ୍ ।

ଭ

ଭକୁଆ ହେଲୁ ? ଯାଃ... ଭାଗ୍...
କହିଲା କ'ଣ ନା
କୋକାକୋଲା ପିଇ
ଛକ୍କା ମାରୁଚି ସେହେବାଗ୍ ।

ମ

ମଣିଷ ଦଉଡ଼ି ଦଇବ ଗାଈ,
ଯେଣିକି ଘୋଷାରେ ତେଣିକି ଯାଇ ।

ଯ

ଯଜମାନର ଝଡୁଚି ବାଳ,
ପୁରୋହିତର ପୁଟୁକାଗାଲା ।

ୟ

ୟୁନିଅନ୍‌ବାଜି ଚଳିବ ନାହିଁ,
ସଲାମ୍ ମାର ମୁଣ୍ଡ ଝୁଙ୍କାଇ ।

ର

ରେପ୍ ଏଣ୍ଡ ମଡର୍ !
ସାକ୍ଷୀ କିଏ ? ବକ୍‌ବାସ୍...
ଅଡର୍ ଅଡର୍...

ଲ

ଲାଞ୍ଜିଗଡ଼କୁ ବିଦେଶୁ ଅଇଲା ବେପାରୀ,
ନିୟମଗିରିର ମାଉଁସ ଝୁଣି
ଡଙ୍ଗରିଆକୁ କଲା ଭିକାରୀ ।

**ଳ**

ଅଳସୁଆର ଦିହଟା ଗୋରା,
ବାଜେନି ଖରା,
ମଜୁରିଆର ଦିଶେ ପଞ୍ଜରା ।

**ସ**

ସମନ୍ ଆସିଚି ନାଲିକୋଠାରୁ,
ମୁଁ ହିଁ କୁଆଡ଼େ ଖୁନ୍ କରିଚି ନିଜକୁ,
ପ୍ରମାଣ ମିଳିଚି ବାଲିପଠାରୁ ।

**ଶ**

ଶଉରା ଦେବତା ଜଗନ୍ନାଥ,
ଶଉରା ପେଟକୁ ମାରୁଚି ନାତ ।

**ଷ**

ଷଣ୍ଢ ଲଢ଼େଇରେ ରାସ୍ତାଜାମ୍,
ଆଲ୍ଲା, ଯୀଶୁ, ଜୟ ଶ୍ରୀରାମ ।

**ହ**

ହସ ନେଇଗଲା ଡାମରାକାଉ,
ବଢ଼ିଚି ହସର ବଜାର ଭାଉ ।

**କ୍ଷ**

କ୍ଷତିରେ ଚାଲୁଚି ଦେଶ,
ତା'କୁ ନିଲାମ୍ କର,
ଚାଷରେ କ୍ଷତି, ବାସରେ କ୍ଷତି...
ବିଷ ପିଅ, ଗୁଳି ଖାଅ, ମର ।

# ଖେତପୁରାଣ

ରଏବାର ଦିନ ଜନମିଥିଲୁ ତୁ,
ତେଣୁ ତୋର ନାଁ ଦିଆଗଲା ରଏବାରୁ ।
ତୋତେ ହରେକୃଷ୍ଣ, କି ବିଜୟାନନ୍ଦ, କି ଜାନକୀବଲ୍ଲଭ
ନାଁ ଦେଲା ଭଳି ଅକଲ ଅର୍ଜି ନଥିଲା ତୋର ଆବା
କାରଣ, ସେ ପଢ଼ି ନଥିଲା ରାମାୟଣ, ପଢ଼ି ନଥିଲା ମହାଭାରତ ।
ଜଙ୍ଗଲ ସହିତ ଯୁଝି, ଖୁଁଟ୍ କାଟି, ସେ ବସେଇଥିଲା ଗାଁ
ପଥର ସହିତ ଯୁଝି, ମାଟି ତାଡ଼ି, ନିମ୍‌ରେଇଥିଲା ଖେତ
କୋଡ଼ି କୋଦାଳରେ ସେ ରଚିଥିଲା
ଧାନ-ମୁଗ-ସୁଆଁ-ମାଣ୍ଡିଆର କିସମ କିସମ କବିତା, ବାନି ବାନି ଗୀତ
ଖେତ ହିଁ ଥିଲା ତା'ର ପୋଥିପୁରାଣ, ଖେତ ହିଁ ଥିଲା ଭାଗବତ ।

ସେଇ ମାଟିର ପୋଥିକୁ ତୋ'ରି ଜିମାରେ ସଅଁପି ଦେଇ
ଆବା ତୋର ଡୁମା ହୋଇ ଚାଲିଗଲା ଝରଣା କୂଳର ବାଂଜିବୁଟା ମୂଳକୁ,
କାନ୍ଦୁଲ ଭଁଟା, ସଲପ ଗଛ ଜଗିବାକୁ ।
ତା ଅନ୍ତେ ତୁ ଗାଁର ହେଲୁ ମୁଖିଆ, ହେଲୁ ରଏବାରୁ ନାଏକ
ନିଦା ବାଉଁଶର ବାହୁଙ୍ଗିରେ ତୁ କାନ୍ଧେଇ ନେଲୁ ଜ୍ଞାତିକୁଟୁମ୍ବଙ୍କ ହାନିଲାଭର ଭାର
ଜଙ୍ଗଲ ସହିତ ମଇତ୍ର ବସିଲୁ ତୁ, ଡଙ୍ଗର ଓ ଝରଣା ସହିତ
ପବନ ସହିତ ସଙ୍ଗାତ ବସିଲୁ ତୁ, ପଥର ଓ ଆକାଶ ସହିତ
ତୋର ସେଇ ସଙ୍ଗାତ ମଇତ୍ରମାନେ
କାନ୍ଧରେ କାନ୍ଧ ମିଶାଇ ଠିଆହେଲେ ତୋର ଭଲମନ୍ଦ ବେଳେ,
ହାତ ପତାଇବା ଆଗରୁ ତୋ ପାଖକୁ ପଠେଇଲେ ଭାର ଭାର ବେଭାର ।

କିଏ ପଠେଇଲା ଭାଲିଆ, ତେନ୍ତୁଳି, ମହୁଲ, ତ କିଏ ଜିନ୍ଦିରି, ଜନା, କୋଳଥ
କିଏ ପଠେଇଲା ନିଆଁ, କିଏ ପାଣି, କିଏ ଆଲୁଅ
କିଏ ପଠେଇଲା ସେମେଲ୍ କନ୍ଦା, ନାଲି ଜନ୍ଦା, ମାଛ, କଙ୍କଡ଼ା, ବାରିହା ମାଉଁସ
ତ କିଏ କେନ୍ଦୁ, ଅଁଳା, ଚହାଁର, ଆମ୍ବ, ଆତ, ପଣସ ।
ଲନ୍ଦା-ସଲପର ନିଶାରେ ଚୁର୍
ଧାଙ୍ଗଡ଼ା-ଧାଙ୍ଗଡ଼ୀମାନେ, ଡୋକ୍‌ରୀ-ଡୋକ୍‌ରୀମାନେ
ଟାକୁ ପରବ-ପୁଷ୍ ପରବରେ
ଧୁମ୍‌ସା-ଟାମକ୍-ଢାପ୍ ତାଳେ ତାଳେ, କିନ୍ଦ୍ରି କିନ୍ଦ୍ରି ନାଚିଲେ
ବିଭୋର୍ ହୋଇ ନାଚ ଦେଖୁଥିବା ଗଛମାନଙ୍କୁ-
ପା'ଚିପି ଚିପି, ପିଛାଡୁ ଆସି-କୁତ୍‌କୁତେଇଲା ଚଗଲା ପବନ
କିର୍‌କିର୍ ହସି ଧୂଳିଦାଣ୍ଡରେ ଗଡ଼ିଗଲା ଆକାଶ ।

ଜଙ୍ଗଲି ସର୍‌ଗି ଗଛ ପରି ସଳଖ ଥିଲା ତୋର ଜନ୍ଦାମନ୍ଦାର ସଂସାର,
ପଥର ଫଟେଇ ଝରି ଚାଲିଥିବା ଝରଣା ପରି
କଳକଳ ଛଳଛଳ ଥିଲା ତୋର ଜୀବନ, ତୋର ପେଟପାଟଣା
ତୁ ସୁଖରେ ଥିଲୁ କି ଦୁଃଖରେ,
ତୋତେ, ନାଇଁତ ତୋର ଦାର୍‌ନୀ ମାତା, ନାଇଁତ ତୋର ଭୀମା ଦେବତାକୁ ଜଣା ।
ହେଲେ, ଦିନେ ସକାଳେ, ରାଜଧାନୀର ଜ୍ଞାନୀଗୁଣୀ ଛଂଚଣ,
ରୋଜ୍ ଭୋରରୁ ଗୀତା ନ ପଢ଼ିଲେ କଦାପି ଯିଏ ଛୁଉଁ ନଥିଲା ଅନ୍ନ,
କାନ୍ଦିବୋବାଳି ଉଛନ୍ନ କଲା ଆକାଶ :
ଘୋର ଜଙ୍ଗଲର ଘନଘୋର ଦୁଃଖରେ ଫସିଛି,
ଘୋର ଅଜ୍ଞାନର ଘନଘୋର ଅନ୍ଧାରରେ
ଡୁମା-ଡାଆଣୀ-ପିଚାଶୁଣୀଙ୍କ କବଳରେ ଖୁବ୍ କଲବଲ ହୋଇ ରାତି କାଟୁଛି
କେନ୍ଦୁଡଙ୍ଗରିର ରଏବାରୁ ନାଏକ
ତା'ପାଇଁ ଲୋଡ଼ା, ନିହାତି ଲୋଡ଼ା, ଇଚ୍ଛୁଣି ଲୋଡ଼ା ଜ୍ଞାନର ଆଲୋକ ।

ତା ପରେ, କୁଆଡୁ ଗାଁକୁ ତୋର ଉଡ଼ି ଆସିଲା ଗୋଟେ ମଲ୍ଲିଫୁଲିଆ ବକ,
ନାକରୁ ତା'ର ଛିଟ୍‌କି ପଡୁଥିଲା ଘୃଣା, ଜିଭରୁ ଥିପୁଥିଲା ଥପଥପ୍ ଲାଳସା,
ଆଖିରେ ଜଳୁଥିଲା ଡହଡହ ଅହଂକାର, ଓଠରୁ କିନ୍ତୁ ଝରୁଥିଲା କରୁଣା ଜରଜର ଶ୍ଳୋକ

ତୋ ସାମ୍ନାରେ, ତୋର ପିଲାକବିଲା, ଜ୍ଞାତିକୁଟୁମ୍ବଙ୍କ ସାମ୍ନାରେ
ସେ ମେଲେଇ ବସିଲା ଜ୍ଞାନମୁଣି :
ତିନିଗାରକୁ ଡେଇଁଲା ବୋଲି ଅସୁର ହାବୁଡ଼ରେ ପଡ଼ିଗଲା ଦେବତା ଦୁଲଣୀ
ଲକ୍ଷେ ଯୋଜନରୁ ଗୁହାରି କଲା ଗଜ, ଚକ୍ର ପେଶି ନକ୍ର ନାଶିଲେ ଚକ୍ରପାଣି
କପଟପଶାର ପରାଭବ ଭୋଗିଲା ଦୁଷ୍ଟ ଦୁର୍ଯ୍ୟୋଧନ
ଅତି ଦର୍ପେ ପାଉଁଶ ହେଲା ସ୍ୱର୍ଣ୍ଣଲଙ୍କା, ଧନ୍ୟ ପବନସୁତ ହନୁମାନ, ଧନ୍ୟ ।

ଜ୍ଞାନର ଗଂଜେଇ ଧୂଆଁରେ ବୁଜି ହୋଇ ଆସିଲା ତୋର ଆଖିପତା,
ଅସାଡ଼ ନିଦରେ ଶୋଇପଡ଼ିଲୁ, ଶୋଇ ଶୋଇ ସ୍ୱପ୍ନ ଦେଖିଲୁ ତୁ-
ମଲ୍ଲିଫୁଲିଆ ବକ ପରି ଉଡ଼ି ଉଡ଼ି ଉଡ଼ି ପହଂଚିଯାଇଛୁ କେଉଁ ଆଲୁଅ ଝଲମଲ୍ ରାଜ୍ୟରେ
ଆଲୁଅର ଘର, ଆଲୁଅର ଗଛବୃଛ, ଆଲୁଅର ଝରଣା
ତୋ ସାମ୍ନାରେ, ବରଦମୁଦ୍ରାରେ, କିଏ ଏ ହସହସ ଆଲୁଅ ଝଲମଲ୍ ଦେବତା !
ଆଉଟା ସୁନା ପରି ପାଦକୁ ତା'ର ଛୁଇଁବୁ ବୋଲି
ଯେମିତି ନଇଁପଡ଼ିଛୁ ତୁ, ଜଳିଗଲା ତୋର ହାତ
ଆଃ... ମରିଗଲି... ମରିଗଲି... ବଂଚାଅ... ବଂଚାଅ... ରଡ଼ି ଛାଡ଼ି
ତୁ ଉଠିବସିଲୁ ଧଡ଼୍ପଡ଼୍, ଚଉଁକିନା ଫେରିଆସିଲା ଚେତା ।

କଷ୍ଟେ ମଷ୍ଟେ ପିତା ଫିଟାଇ ଦେଖିଲା ବେଳକୁ - ୟେ' କ'ଣ !
କୁଆଡ଼େ ଗଲେ ତୋର ଜ୍ଞାତିକୁଟୁମ୍ବ, ବନ୍ଧୁପରିଜନ ?
କୁଆଡ଼େ ଗଲା ଜିନ୍ଦିରି-ଜନା-କୋଳଥ-କାନ୍ଦୁଲ-ଖେତ ?
କୁଆଡ଼େ ଗଲା ସରଗି, ସାଗୁଆନ୍, ଆମ୍ବ, ପଣସ, ଅଁଳା, ମହୁଲ ଜଙ୍ଗଲ ?
କୁଆଡ଼େ ଗଲେ ତୋର ମଇତ୍ର, ସଙ୍ଗାତ ?
କୁଆଡ଼େ ଗଲେ ଖରା, କୁଟ୍ରା, ବାରିହା, ବାଘ, ସମ୍ବର ?
କୁଆଡ଼େ ଗଲା ହସକୁରୀ ଝରଣା ?
କୁଆଡ଼େ ଗଲେ ମାଛ, କଙ୍କଡ଼ା, ବେଙ୍ଗ, ସାପ, ନେଉଳ ?
କୁଆଡ଼େ ଗଲା ଦାରନୀ ମାତା, ଭୀମା ଦେବତାର ଗୁଡ଼ି ?
ଯେଣେ ଚାହିଁଲେ କୁଢକୁଢ ହାଡ଼, କୁଢକୁଢ ଖପୁରି !
ହାଡ଼ର ପାହାଡ଼ ଉପରେ ଖାଡ଼ା ହୋଇଛି ଗୋଟେ ବିରାଟ ମନ୍ଦିର,
ମନ୍ଦିର ଚୂଡ଼ାରେ ନିର୍ଲଜ୍ଜ ଭାବେ ନେତ ଉଡ଼ୁଛି ଫରଫର !

କୁଆଡ଼େ ଗଲା ସେ ମଲ୍ଲିଫୁଲିଆ ବକ ?
ଯେଣେ ଚାହିଁଲେ ତ ପଲପଲ ଛଂଚଣ, ରାଶି ରାଶି ଶାଗୁଣା, ମାଳମାଳ କୁକୁର !

ଜଙ୍ଗଲ ସହିତ ଯୁଝି, ଖୁଁଟ୍ କାଟି, ଆବା ତୋର ଯେଉଁଠି ବସେଇଥିଲା ଗାଁ,
ସେଇଠି, ଏ ମନ୍ଦିର, ଏ ହୋଟେଲ୍, ଏ ବଳିମଣ୍ଡପ, ଏ ଫାର୍ମ ହାଉସ୍, କାହାର ?
ପଥର ସହିତ ଯୁଝି, ମାଟି ତାଡ଼ି, ଆବା ତୋର ଯେଉଁଠି ନିମ୍‌ରେଇଥିଲା ଖେତ,
ସେଇଠି ଏ କାଜୁ ବଗିଚ଼, ଏ କଫି ବାଗାନ୍, ଏ ୟୁକାଲିପଟାସ୍-ଓକ୍ ଗାଡେନ୍,
କାହାର ?
ଏ ପଲପଲ ଛଂଚଣ, ଏ ରାଶିରାଶି ଶାଗୁଣା, ଏ ମାଳମାଳ କୁକୁର, କିଏ ଏମାନେ, କିଏ ?
ପଚ଼ର୍, ରଏବାରୁ, ପଚ଼ର୍, ନ ପଚ଼ରିଲେ ମିଳିବ ନାହିଁ ଉତ୍ତର ।

ମନ୍ଦିରରେ ଝାଡୁ ମାରିବାକୁ, କଫି ବାଗାନ୍‌ରେ କଫି ତୋଳିବାକୁ
କିଏ ବରଗିଛି ତୋତେ ? କାହିଁକି ? ପଚ଼ର୍ ।
ଫାର୍ମ ହାଉସ୍‌ରେ ଅଇଁଠା ହାଡ଼, ମାଛକଣ୍ଟା ଓ କାଚ ଟୁକୁରା ଗୋଟାଇ ଗୋଟାଇ
କାହିଁକି ତୁ ହେବୁ ରକ୍ତ ସରସର ? ପଚ଼ର୍ ।
କେନ୍ଦୁଡଙ୍ଗରି ଗାଁ ଏବେ କେଉଁଠି ? ପଚ଼ର୍ ।
ଗାଁର ନାଏକ କୁଆଡ଼େ ଗଲା ? ନିଜକୁ ପଚ଼ର ।
କୁଆଡ଼େ ଗଲା ତା'ର କଟ୍‌ରୀ, ଟାଙ୍ଗିଆ, ବର୍ଚ୍ଛା, ଧନୁଶର ? ପଚ଼ର୍ ।

■

୭୬ | ଅଖିଳ ନାୟକ

# ସତ୍ୟ-ବେପାର

## (ଏକ)

ପାଖ ଜଙ୍ଗଲରୁ ହଣାହୋଇ ଆସିଲା
ଶଗଡ଼େ କାଠ, ବାଉଁଶ ।
ପୋଖରୀପଠାରୁ ଟ୍ରଲିରିକ୍ସାରେ
ବୁହାହୋଇ ଗଦାହେଲା ମାଟି ।
ଖେତହୁଡ଼ାରୁ ଟ୍ରାକ୍ଟରଡାଲାରେ
ଲଦାହୋଇ ପହଂଚିଲା ନଡ଼ା ।
ହାଟରୁ କେଇବିଡ଼ାସୁତୁଳି, କେଇମୁଠାଖିଲା,
ବାନିବାନିରଙ୍ଗ,
ବାନିବାନିଜରିର ଚିକିମିକିଆକପଡ଼ା ।

ପଚପାଚ ପାନପିକ ଥୁକିଥୁକି
ଗଢ଼ିବସିଲେ ସେମାନେ ।
ସାତଟି ଦିନ ବି ଲାଗିଲା ନାହିଁ
ସେମାନେ ଗଢ଼ିଥୋଇଦେଲେ ଈଶ୍ୱର !
ଶଙ୍ଖ-ଘଣ୍ଟା-ଖୋଳ-କରତାଳରେ
ହାଉଳିଖାଇ ବାଉଳିହେଲା ପବନ:
ଈଶ୍ୱର ହିଁ ସତ୍ୟ, ସତ୍ୟ ହିଁ ଶିବ, ଶିବ ହିଁ ସୁନ୍ଦର ।

ଧନ୍ୟ କହିବା ସେମାନଙ୍କୁ,
ସାତଟି ଦିନ ବି ଲାଗିଲା ନାହିଁ

ସେମାନେ ଗଢ଼ିଥୋଇଦେଲେ ସତ୍ୟ !

ସେମାନେ
ଏଡ଼େ ନିପୁଣ, ଏଡ଼େ ନିଖୁଣ କାରିଗର,
ସତ୍ୟର !

■

ତେଲି-ପାଟିକୁ ଝୁଣି ଖାଇଥିଲେ ଉଈ
ଦଲମ୍-ବତାକୁ କୋରିଖାଇଥିଲେ ସୁରିକିରା
ବର୍ଷା ଆପ୍ରରି ନେଇଥିଲା କାନ୍ଥର ମାଉଁସ
ଝଡ଼ବତାସ ଝାଂପି ନେଇଗଲା ଛାନିର ନଡ଼ା
ଦରମରାକୁରିଆକୋଳରେ କୁଙ୍କୁରିକାଙ୍କୁରି
ଧଇଁପେଲିଲା ମେଟ୍‌ନା ମା',
ହାଡ଼କମ୍ପଜର ।

ଧନ୍ୟ କହିବା ସେମାନଙ୍କୁ,
ସାତଟି ଦିନ ବି ଲାଗିଲା ନାହିଁ,
ପଚ୍‌ପାଚ୍ ପାନପିକ ଥୁକିଥୁକି
ସେମାନେ ଗଢ଼ି ଥୋଇଦେଲେ ସତ୍ୟ,
ହସକୁରା, ସୁଠାମ, ସୁନ୍ଦର !

■

ପାଦତଳେ ଗୋଲାପର ଗାଲିଚ୍ଚ,
ମୁଣ୍ଡ ଉପରେ ସୁନାର ପାଟିଛତି,
ସୁରୁହେଲା ସତ୍ୟର ରାଜୁତି ।

ଦିଗ୍‌ବିଦିଗ ଖେଦିଗଲେ ସତ୍ୟର ଚର-
ପଲପଲଚିଲ, ଛଂଚ୍ଛଣ,
ପଲପଲବ୍ରାହ୍ମଣ,
ପଲପଲଶିଆଳ, କୁକୁର ।

ଦିଗ୍‌ବିଦିଗ ହୁକେ-ହୋ, ହୁକେ-ହୋ
ଦିଗ୍‌ବିଦିଗ ଭୋ-ଭୋ, ଭୋ-ଭୋ
ଦିଗ୍‌ବିଦିଗ ହ୍ଲୀ-କ୍ଲୀଂ, ଶ୍ଲୀଂ-ମ୍ଲୀଂ
ଦିଗ୍‌ବିଦିଗ ପବିତ୍ର କୋଲାହଳ:

ସତ୍ୟ ହିଁ କେବଳ ସତ୍ୟ, ଏକମାତ୍ର ସତ୍ୟ
ଦ୍ୱିତୀୟ ସତ୍ୟ କିଛି ନାହିଁ ।
ମୁଣ୍ଡ ନୁଆଁଅ, ନାକଘଷ, ମୁଣ୍ଡିଆମାର ।

(ଦୁଇ)

ନିୟମଗିରିର
ଝାଂପୁରାମୁଣ୍ଡିଆ ଭଅଁରମାରିଗଛମାନେ ହୋ,
ବାଟ ଓଗାଳି ବୁଦ୍ଧୁଙ୍କ ଭଳି
ଗୁରାଳି କରୁଛ କାହିଁକି ?
ଛାଡ଼, ବାଟ ଛାଡ଼ ସତ୍ୟ ଆସୁଛନ୍ତି ବାଟ ଛାଡ଼ ।

ଚମର ଏଇଠି
ତୋଳାହେବ ସତ୍ୟର ମନ୍ଦିର
ମନ୍ଦିର ବେଢ଼ାରେ ବସିବ ହାଟ
କିଣା ବିକା ହେବ ପରମାନନ୍ଦ
ନାଁ ହେବ ଆନନ୍ଦ ବଜାର,
ଜାଗା ଖାଲିକର, ଜଙ୍ଗଲ ଖାଲିକର ।

ମାସେ ନୁହେଁ କି ବର୍ଷେ ନୁହେଁ,
ଯୁଗେ ହେଲାଣି ତ ଦଖଲ କରିଛ ଜଙ୍ଗଲ,
ଡାଳପତ୍ରର ଜଟିଳବ୍ୟୁହକୁ
ଭେଦିନପାରି
ମୁହଁଲୁଚେଇ ବାହୁଡ଼ିଗଲେଣି କେତେକେତେ ସୂର୍ଯ୍ୟ

ମୁଲକଯାକ
ମଶା-ମାଛି ଭଣଭଣ ଅନ୍ଧାର,
ସାପ-ବିଛା ସାଲୁବାଲୁ ଅନ୍ଧାର ।

ଅନ୍ଧାର-ବୁଦ୍ଧିଆ ଭଅଁରମାରିଗଛମାନେ ହୋ,
ସତ୍ୟ ତ ଆଉ ସୂର୍ଯ୍ୟ ନୁହେଁ ଯେ
ବ୍ୟୁହନଭେଦି ବୁଡ଼ିଯିବ
ଆସୁଛିମାନେ ଆସିବ ସେ, ଅଲବତ୍ ଆସିବ
ରହୁଁଛିମାନେ ତମର ଏଇଠି
ଅଲବତ୍
ତୋଳାହେବ ତା'ର ମନ୍ଦିର ।

କଥା ବଢ଼େଇ
କିଛି... କିଛି... କିଛି ବି ଫାଇଦା ନାହିଁ
ସତ୍ୟକୁ, ବରଂ, ପାଛୋଟି ନିଅ, ବନ୍ଦାପଣା କର
ମୁଣ୍ଡ ନୁଆଁଅ, ନାକଘଷ, ମୁଣ୍ଡିଆ ମାର ।

ଜାଗା ଖାଲିକର ହୋ, ଜଙ୍ଗଲ ଖାଲିକର ।

■

ତାକୁ ସନ୍ଦେହ କରିବା ମନା,
ନା, ନା, ସନ୍ଦେହ କରନା ।
ତାକୁ ପ୍ରଶ୍ନ ପଚାରିବା ମନା,
ନା, ନା, ପ୍ରଶ୍ନ ପଚାରନା ।

ବିଶ୍ୱାସ, ଖାଲି ବିଶ୍ୱାସ କର ।

ଶାସ୍ତ୍ର ବୋଇଲା,
ବିଶ୍ୱାସେ ମିଳଇ ସତ୍ୟ, ତର୍କେ ବହୁଦୂର ।

କାଶୀପୁରର କୃଷ୍ଣ ମହାପାତ୍ର
ବିଶ୍ୱାସ କଲା
ଭିକମଗାବ୍ରାହ୍ମଣଘରପିଲା,
ରାତିକେ ହାତୀ କିଣିଲା, ଗଡ଼ ଜିଣିଲା,
ଏରିଆର ଗଜପତି ହେଲା ।

ଲାଂଜିଗଡ଼ପାଖ କଂସାରି ଗାଁର ଶୁକ୍ରୁ ମାଝୀ,
କନ୍ଧ ଅନ୍ଧ,
ସେ କାହୁଁ ବୁଝିବ ଭଲ-ମନ୍ଦ,
ଦିନସାରା ଏ ଗାଁ, ସେ ଗାଁ ବୁଲି ସତ୍ୟର ନିନ୍ଦା ଗାଇଲା
ମାଛିଅନ୍ଧାରରେ ଘରକୁ ଫେରୁଛି,
ଟ୍ରକ୍‌ରପାରେ ମୁଣ୍ଡର ଗୁଦି ଛିତ୍‌କିଗଲା, ମଲା
ପିଲାଝିଲା ତା'ର ଛେଉଣ୍ଡ ହେଲେ,
ମାଏଜୀ ତା'ର ଯୁବା ବୟସେ ରାଣ୍ଡ ହେଲା ।

ସତ୍ୟର ମହିମା ଅପାର ।

ବୋଲ ଆନନ୍ଦେ ଏକବାର
ସତ୍ୟବୋଲ,
ଆଉ ଆନନ୍ଦେ ଏକବାର
ସତ୍ୟବୋଲ, ସତ୍ୟବୋଲ...,
ପୁଣି ଆନନ୍ଦେ ଏକବାର
ସତ୍ୟବୋଲ, ସତ୍ୟବୋଲ, ସତ୍ୟ ସତ୍ୟବୋଲ... ।
■

## (ତିନି)

ହେ ହାଡ଼ରଙ୍କୁଣାଶିଆଳମାନେ,
ହେ ଅଇଁଠାଚଟାକୁକୁରମାନେ,
ବନ୍ଦକର, ବନ୍ଦକର, ଭୁକିବା ବନ୍ଦକର ।

ହେ ଚିଲ-ଛଂଚଣ-ବ୍ରାହ୍ମଣମାନେ,
ବନ୍ଦକର ପୋଚରାପ୍ରବଚନ, ଭୁଆଁବୁଲାଭାଷଣ,
ବନ୍ଦକର, ବନ୍ଦକର, ବନ୍ଦକର ।

ଆମେ, ଢିଙ୍କିଆ ଗଡ଼ିଦେଶର
କୁନିକୁନିପାନପତର
ପଚାରୁଛୁ ତୁମକୁ,
ଦମ୍ ଅଛି ତ
ଦିଅ ଆମର ପ୍ରଶ୍ନର ଉତ୍ତର ।

ଯିଏ ଇନ୍ଦ୍ରଧନୁରେ ନେସୁଚି ଅଳନ୍ଧୁ,
ଯିଏ ମେଘର ଡେଣାରେ ଲେଛେଇଦେଉଛି ନିଆଁ,
ଯିଏ ଫଳନ୍ତିଗଛର ଗର୍ଭାଶୟରେ ପକାଉଛି ଟାଙ୍ଗିଆ,
ଯିଏ ମାଟିର ମହୁରେ ଗୋଳାଉଛି ଜହର,
ସିଏ ? ସିଏ ତମର ପରମପୂଜ୍ୟ ସତ୍ୟ ?
ସରମ ଅଛି ତ, ଯାଅ,
ଆଂଜୁଳେ ପାଣିରେ ବୁଡ଼ିମର ।

ଯିଏ ଭୋକମୁହଁରୁ
ଛଡ଼ାଇ ନେଉଛି ଭାତଥାଳି
ଯିଏ ଯୁଝି-ଜୀଉଁଥିବା ସ୍ୱପ୍ନ ଛାତିରେ
ଆଖିବୁଜା ବର୍ଷାଉଛି ଗୁଳି,
ଯିଏ ଡରିମରି କାଟିନେଉଛି
ଗୁଳିଖାଇ ମରିସାରିଥିବା ଅସାଡ଼ହାତର ପାପୁଲି,
ସିଏ ? ସିଏ ତମର ଗଳାର ହାର ? ଜପାମାଳି ?

ବନ୍ଦକର, ହେ
ହାଡ଼ରଙ୍କୁଣାଶିଆଳମାନେ,
ଅଇଁଠାଚଟାକୁକୁରମାନେ

ହାଡ଼ରେକଟା, ଅଇଁଠାଚଟା
ବନ୍ଦକର, ବନ୍ଦକର, ବନ୍ଦକର ।

ତମେ ଯାହାକୁ ମୁଣ୍ଡରେ ଥୋଇ
ଭକ୍ତିଭୋଳରେ ତାଥେଇ ତାଥେଇ
ତାକ୍‌ଥେଇଥେଇ ନାଚୁଛ,
ଅସଲରେ ତାହା ସତ୍ୟ ନୁହେଁ,
ନୁହେଁ, ନୁହେଁ, ସତ୍ୟ ନୁହେଁ,
ଅସଲରେ ତାହା ଧୋକାବାଜଙ୍କ ରକ୍ତରଙ୍ଗା ବେପାର ।

ଆମେ, ଢିଙ୍କିଆ ଗରିବଦେଶର
କୁନିକୁନିପାନପତର,
କାହା ଗଢ଼ା କୋଉ ମହାନ ସତ୍ୟର
ଯୋତାଘଷିବାକୁ,
ପାଦମଳିବାକୁ ଚାହୁଁନା ଆମେ, ଚାହୁଁନା
ଆମର ସତ୍ୟ, ଆମର
କୁନିକୁନି ସ୍ୱପ୍ନ, କୁନିକୁନି କାମନା
କୁନିକୁନି ଆଲୁଅ, କୁନିକୁନି ଅନ୍ଧାର ।

ହୁକେ-ହୋ, ହୁକେ-ହୋ ବନ୍ଦକର,
ହେ ହାଡ଼ରଙ୍କୁଣାଶିଆଳମାନେ,
ଅଇଁଠାଚଟାକୁକୁରମାନେ,
ଭୋ-ଭୋ, ଭୋ-ଭୋ ବନ୍ଦକର, ବନ୍ଦକର ।

■

OXYGEN
PKNaik 2020

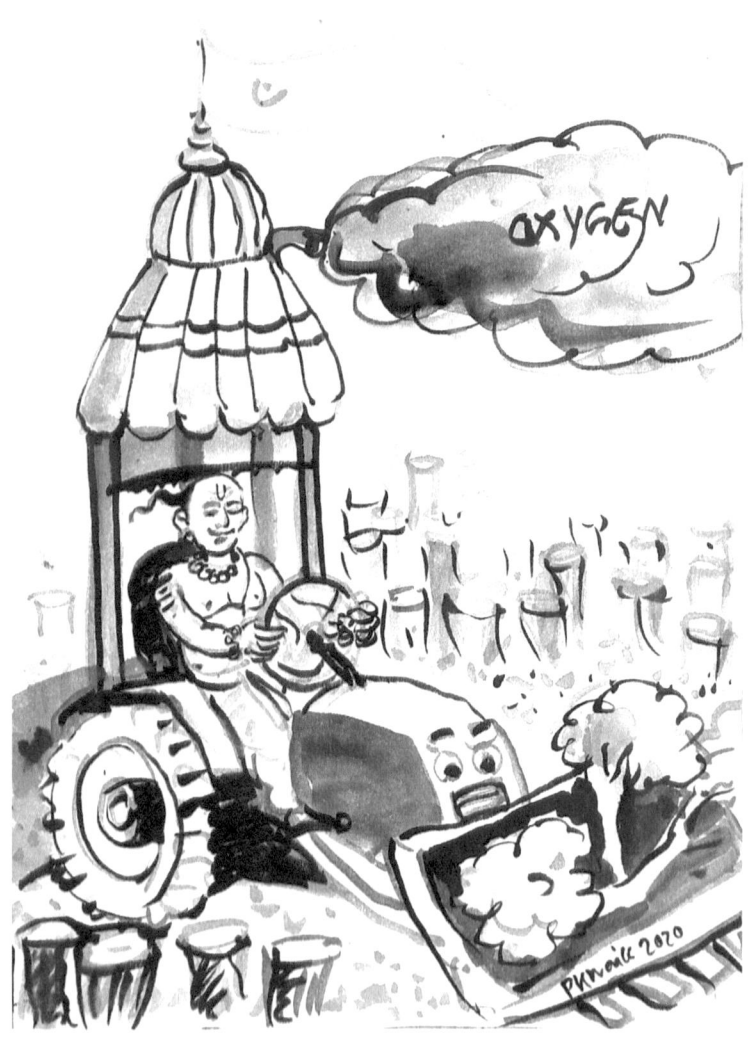

## ଦେଶଦ୍ରୋହୀ

(ଏକ)
ମାଟି ଥିଲା,
ଦେଶ ନଥିଲା ।

ଆମର
ବାପ-ଜେଜେଙ୍କ
ମାଂସ-ମେଦ-ହାଡ଼ରେ ମାଟି ହେଲା ଆହୁରି ଉର୍ବର ।

ପାଣି ଥିଲା,
ଦେଶ ନଥିଲା ।

ଆମର
ବାପ-ଜେଜେଙ୍କ
ଝାଳ-ରକ୍ତ-ଲୁହରେ ପାଣି ହେଲା ଆହୁରି ମଧୁର ।

ପବନ ଥିଲା,
ଦେଶ ନଥିଲା ।

ଆମର
ବାପ-ଜେଜେଙ୍କ
ତୁଷ୍ଟ-ସୁଧାର-ନିଃଶ୍ୱାସରେ ପବନ ହେଲା ଆହୁରି ଶୀତଳ ।

ନିଆଁ ଥିଲା,
ଦେଶ ନଥିଲା ।

ଆମର
ବାପ-ଜେଜେଙ୍କ
ଦାଉ ଦାଉ ବିବେକର ସ୍ପର୍ଶରେ ନିଆଁ ହେଲା ଉତ୍ତପ୍ତ-ଉଜ୍ଜ୍ୱଳ ।

ଆକାଶ ଥିଲା,
ଦେଶ ନଥିଲା ।

ଆମର
ବାପ-ଜେଜେଙ୍କ
ଫର୍ଚ୍ଚା ହସରେ ଆକାଶ ହେଲା ଆହୁରି ନୀଳ, ଆହୁରି ନିର୍ମଳ ।

ସେଇ
ଉର୍ବର ମାଟି ଓ
ନୀଳ-ନିର୍ମଳ ଆକାଶ,

ସେଇ
ମଧୁର ପାଣି ଓ
ଉତ୍ତପ୍ତ-ଉଜ୍ଜ୍ୱଳ ନିଆଁ,

ସେଇ ଶୀତଳ ବତାସ-
ଆମକୁ ମିଳିଲା
ଉତ୍ତରାଧିକାର ସୂତ୍ରରେ ।

ଦେଶ ଆମର ଉତ୍ତରାଧିକାର ନୁହେଁ, ନୁହେଁ, ନୁହେଁ ।

ଦେଶ ନଥିଲା
ଆମର ବାପ-ଜେଜେଙ୍କ ଅର୍ଜନ କି ଉପାର୍ଜନରେ ।

■

ଆମେ ଯେତେବେଳେ
ଗୁର୍‌ଜି, ସୁଆଁ, କୋଦୋ, ମାଣ୍ଡିଆ ବୁଣିବା ପାଇଁ
ଖୁଁଟ୍ ଉପାଡ଼ି, ପଥର ତାଡ଼ି
ନିମ୍‌ରାଉଥିଲୁ ଭଁଟା,
ଦେଶ ଆସି ଧରି ନଥିଲା କୋଦାଳ କି ଲଙ୍ଗଳ ।

ପବନ-ଫଣାରୁ, ମେଘ-ଶୁଣ୍ଢରୁ
ବର୍ତ୍ତିବା ପାଇଁ
ଆମେ ଯେତେବେଳେ
ଦଳିଚକଟି ପାଗ କରୁଥିଲୁ ମାଟି,
ଦେଶ ଆସି ଘରି ନଥିଲା ଝିକର ।

ଖରା, କୁଟ୍ରା, ସମ୍ବର ମାରିବା ପାଇଁ
ଆମେ ଯେତେବେଳେ
ଗୁପୁଟ୍ ଗଛଖାନ୍ଦିରେ ଛକି ବସୁଥିଲୁ,
ଝରନ୍ ଖଣିର ଚଁଚ୍‌ରାରେ
ଦେଶ ବସି ଲିସି ନଥିଲା ତୀର ।

ଆମ୍ବ, କେନ୍ଦୁ, ମହୁଲ ବେଟିବା ପାଇଁ
ବାଘଡୁମାର ଡରାଣ ଡେଇଁ
ଆମେ ଯେତେବେଳେ
ପତ୍‌ରାପତ୍‌ରା ଜଙ୍ଗଲ ଜଙ୍ଗଲ କିନ୍ଦ୍ରି ବୁଲୁଥିଲୁ,
ଦେଶ ଆସି ମୁଣ୍ଡେଇ ନଥିଲା ଟୁପ୍‌ଲି ।

ଦିହ-ମନର ପରାସ ଭାଙ୍ଗିବା ପାଇଁ
କୋଉ ଡଙ୍ଗର ଝୋଲାରେ
ଆମେ ଯେତେବେଳେ
ଲନ୍ଦା, କୁସ୍‌ନା କି ମହୁଲି ରାନ୍ଧୁଥିଲୁ,
ଦେଶ ଆସି ଝାଟି ମେଢ଼େଇ ଫୁଙ୍କି ନଥିଲା ଚୁଲି ।

ଭୋକ-ଶୋଷ କି ସାପ-ବିଛାର ଘେଟରେ
ଆମେ ଯେତେବେଳେ
ଉଦ୍‌ଲୁଥିଲୁ, ଛଟ୍‌କୁ ଥିଲୁ,
ଦେଶ ଆସି ଲଗେଇ ନଥିଲା ଜଡ଼ିବୁଟି,
ଶୁଂଘେଇ ନଥିଲା ଗଦ ।

ଆମେ ଯେତେବେଳେ
ଦର୍‌ଲା ଦର୍‌ଲା ନାଚଗୀତରେ
ନିସତ୍ ରାତିର ଆଖିପତାରୁ ହୁରୁଡ଼ାଉଥିଲୁ ନିଦ,
ଦେଶ ଆସି ପାଦରେ ଆମର ମିଳାଇ ନଥିଲା,
ନା, ନା, ମିଳାଇ ନଥିଲା ପାଦ ।

■

ଦେଶ ନଥିଲା,
ଡଙ୍ଗର ଦେବତା ଥିଲା ।

ଡଙ୍ଗର ଦେବତା ଥିଲା ବୋଲି ତ
ଖରା ହେଉ, ତରା ହେଉ
ମାଟିରୁ, ମହୁଲରୁ, ମହୁଘରାରୁ
ଶୁଖୁ ନଥିଲା ରସ
ଯେତେ ଦୁହିଁଲେ ବି ପହ୍ନାଉଥିଲା
ସଲପ ଗଛ, ଝରନ୍, ଆକାଶ

ମୂଷା, ମଶା, ଡାଆଁଶଙ୍କ ଉଅଁରରେ
ବୁଡ଼ି ନ ଯାଇ
ଚେରଉଥିଲା, ପାଆଁଲୁ ଥିଲା ଜୀବନ
ହାଡ଼କଂପା ଶୀତରାତିର ହିମ-କାଁକର ପାଣିରେ
କଚ୍‌ରି ମାଛଟେ ପରି
ଶୋଇ ଚେଇଁ ଲାଂଜ ଲହରାଉଥିଲା ସପନ ।

ଡଙ୍ଗର ଦେବତା ଥିଲା ବୋଲି ତ
ଘଡ଼ଘଡ଼ି-ଚଡ଼ଚଡ଼ିରେ କଲିଜା ଥରିଲା ବେଳେ
କେତେନା କେତେ ଇନ୍ଦ୍ରଧନୁକୁ
ଅଗଣାସାରା ନଚଉଥିଲା ମୟୂର
ଝୋ' ଝୋ' ବର୍ଷାର କୋରଡ଼ା ମାଡ଼ରେ
ପିଠିରୁ ଛାଲ ଉତୁରି ଗଲେ ବି
କଦାପି ହାର୍ ମାନୁ ନଥିଲା ଆମର ଝଟିମାଟିର ଘର ।

ଆମର ସେଇ ହର୍ତ୍ତାକର୍ତ୍ତା ଇଷ୍ଟ ଦେବତାକୁ
ଗିଳିବ ବୋଲି
ଆଁ ମେଲି
ହେଇ, ଆଜି ଧାଇଁ ଆସିଛି ଦେଶ ।

ପିଶାଚ !

## (ଦୁଇ)

ତମକୁ ଆମେ ଜାଣିଥିଲୁ କି ? ଚିହ୍ନିଥିଲୁ କି ?
ନାଇଁ ।
ତମକୁ ଆମେ ଡାକିଥିଲୁ କି ? ହାକିଥିଲୁ କି ?
ନାଇଁ ।
ତମକୁ ଆମେ ସପନରେ କେବେ ସୁମରିଥିଲୁ କି ?
ନାଇଁ ।

ତା'ହେଲେ ତମେ କାହିଁକି ଆସି,
ତା'ହେଲେ ତମେ ଗନ୍ଧା ପୁନେଇଁରେ କାହିଁକି ଆସି
ଆମଠି
ଆଉଁଶି ହେଉଚ ମାଇଁ ମାଇଁ ?

ଆମେ କ'ଣ ଏଡ଼େ ଓଲୁ, ଏଡ଼େ ଗୁଆଁର, ଯେ
ଗମି ପାରିବୁନି
ତମ ଅଦିନିଆ-ସୁଆଗ ପଛରେ
କେତେ ଫନ୍ଦି, କେତେ ଫିକର, କେତେ ଚଲାକି
ଦାନ୍ତ ପଜେଇ ଛକିଚି !

ଆମ ଆଗରେ ଆଙ୍କୁଚ ତମେ
ଏକୁଆରେକ ରଙ୍ଗରଙ୍ଗିଆ ଲୋଭ-

ତମେ କୁଆଡ଼େ ଆମରି ପାଇଁ
ଜୁଟେଇଦେବ
ଏମିତି ସବୁ ବେଉସା,
ଜମାରୁ ନିତ୍‌ରୁ ନଥିବ ଝାଳ

ବନେଇଦେବ
ଏମିତି ସବୁ ଘରଦ୍ୱାର,
ଟିପ ମାରି ପାରୁନଥିବେ ଖରା, ବର୍ଷା, କୁହୁଡ଼ି, କାକର

କଳ ମୋଡ଼ିଲେ ଝର୍‌ଝର୍ ପାଣି ସେଇଠି,
କଳ ମୋଡ଼ିଲେ ସୁଲ୍‌ସୁଲ୍ ପବନ,
କଳ ମୋଡ଼ିଲେ ଝଲ୍‌ମଲ୍ ଆଲୁଅ !

ତା'ମାନେ
ଆମର ଝାଟିମାଟିର କୁରିଆ ଉପରେ,

ଖେତ ଉପରେ, ଖଳା ଉପରେ
ଡଙ୍ଗର ଉପରେ, ଝୋଲା ଉପରେ,
ଆମର ପଖାଳ ବେଲା ଉପରେ
ଚକ୍କର୍ କାଟୁଚି-
ତା'ମାନେ ଆମର ଝରନ୍ ଉପରେ, ପବନ ଉପରେ,
ଖମନ୍ ଉପରେ
ଚହଁରେଇ ଚହଁରେଇ ଚକ୍କର କାଟୁଚି
ତମର ଚିଲ-ଛଂଚଣ ନଜର!

ଜୁହାର,
ତମକୁ ଶହେ ଜୁହାର,
ତମର ଛଳ-କଳକୁ ଶହେ କୋଟି ଜୁହାର ।

କାଇଁ କୋଉ କାଳରୁ
ଡଙ୍ଗର ଦେବତାର ଦୁଇ ଆଖିରୁ
ଝରୁଚି ଯେଉଁ ଆଲୁଅ,
ଆମର ଭୋକ ପାଇଁ, ଶୋକ ପାଇଁ
ସେତକ ଢ଼େର୍, ଯଥେଷ୍ଟ ।

କେଉଁ ଗରଜରେ ଆମେ ଆଉ
ପଣତ ପାତି ଗଁଠେଇ ନେବୁ
ତମେ ଯାଚୁଥିବା ଝଲ୍‌ମଲ୍ ଆଲୁଅ?

ଯାଅ ।

■

ଆମର ଯୁଗଯୁଗର ଅଖଣ୍ଡ ଆଲୁଅକୁ
ନାକଚ କରି ସେମାନେ ତା'ର ନାଁ ଦେଲେ ଅନ୍ଧାର!

ଆମର ଟୋଲସିଝା, ମାଣ୍ଡିଆପେଜ, ଭାତକନ୍ଦାରେ
ସେମାନେ ଚିହ୍ନଟ କଲେ ଜୀବାଣୁ, ଜହର !

ଆମର ରୀତିରିଆଜ, ଧାରଣା-ବିଶ୍ୱାସକୁ
ଖତେଇ ହେଲେ ସେମାନେ : ଅନ୍ଧବିଶ୍ୱାସ, କୁସଂସ୍କାର !

ଆମର ଘାସବୁଦାର ଶାଗୁଆ ଜୀବନକୁ
ଚିରିବିଦାରି ପ୍ରମାଣ କଲେ - ନାରଖାର ନରକ !

ସେମାନେ ମଣିଷରେ ବି ଗଣିଲେ ନାହିଁ ଆମକୁ,
ମନେମନେ ନାକ ଟେକିଲେ - ଜଙ୍ଗଲି ପୋକ !

ଆମର ହର୍ତ୍ତାକର୍ତ୍ତା ଇଷ୍ଟ ଦେବତାକୁ
ଖାରଜ କଲେ ସେମାନେ : ଗୋଟେ ମାମୁଲି ଡଙ୍ଗର !

ଏବଂ ନିଜକୁ ଜାହିର୍ କଲେ
ସେମାନେ ହିଁ କାଳେ ତ୍ରାଣକର୍ତ୍ତା ଆମର, ଈଶ୍ୱର !

■

ନା, ନୁହେଁ, କଦାପି ନୁହେଁ, କଦାପି ନୁହେଁ,
କଦାପି ଭାଙ୍ଗିବା କଥା କହେ ନାହିଁ ଦେବତା,
ଗାଁ ହେଉ କି ଘର କି ଡଙ୍ଗର,
ଉଜାଡ଼ିବା କଥା କଦାପି କହେ ନାହିଁ ଦେବତା,
ଝରନ୍ ହେଉ କି ଖମନ କି ପବନ ।

ଦେବତା ବରଂ
ଗଢ଼େ କଦାଚନ ନଷ୍ଟ ହେଉନଥିବା ମାଟି,
ଗଢ଼େ ଘରକୁ ଖୋଜି, ଘାଟକୁ ସୁମରି ବାହୁଡ଼ି ଆସୁଥିବା ପାଣି,

ଗଢ଼େ ଅଗନାଅଗନି ବନସ୍ତରେ ବି ବାଟ ବହଁଚ୍ଚୁ ନଥିବା
ପବନ,
ଗଢ଼େ ଅଙ୍ଗାର ଗଦାରେ ରୁମ୍‌କି ରୁମ୍‌କି ଜଳି ଉଠୁଥିବା ଜହ୍ନ,
ଗଢ଼େ ବର୍ଷା-କୁହୁଡ଼ି-କାକରରେ ଲିଭୁ ନଥିବା ସୂର୍ଯ୍ୟ,
ଗଢ଼େ ଝଡ଼ବତାସରେ ଝଡ୍ଡୁ ନଥିବା ତାରକା,
ଗଢ଼େ ବିଜୁଳିର ତରବାରୀରେ ଚିରୁ ନଥିବା, ଫାଟୁ ନଥିବା
ଆକାଶ,
ଗଢ଼େ ଗଛ-ଲତା, ପଶୁ-ପକ୍ଷୀ, କୀଟ-ପତଙ୍ଗ, ପୋକ-ଜୋକ,
ଗଢ଼େ ମଣିଷ ।

ନା, ନୁହେଁ, କଦାପି ନୁହେଁ, କଦାପି ନୁହେଁ,
କଦାପି ଦେବତା ପାଂଚେ ନାହିଁ
ଫୁଙ୍କି ଲିଭାଇ ଦେବାକୁ ମଣିଷର ମିଂଜିମିଂଜି ହସ ।

ଆମେ ମଣିଷ
ଗଛଙ୍କ ମେଳରେ ଗଛ ପରି ବଢ଼ିଚୁ,
ଆମେ ଗଛ
ବାଘଙ୍କ ସହ ବାଘ ଭଳି ଲଢ଼ିଚୁ,
ଆମେ ବାଘ
ଚଢ଼େଇଙ୍କ ସହ କିଚିରିମିଚିରି ଗୀତ ଗାଇ ନିଦ ଭାଙ୍ଗିଚୁ
ରାତିର,
ଆମେ ଚଢ଼େଇ
ଘାସ ଥାଉ କି କଣ୍ଟା, ଝିଣ୍ଟିକା ପରି ଡେଇଁଚୁ,
ଆମେ ଝିଣ୍ଟିକା
ସାପ ସାମ୍ନାରେ ସାପ ପରି ଫଣା ତୋଳି ଫଁ କରିଚୁ,
ଆମେ ସାପ
ମେଘ ଉଇଁଲେ ମୟୂର ସହ ଠମ୍‌କି ଠମ୍‌କି ନାଚିଚୁ,
ଆମେ ମୟୂର ।

ଗଛ-ଲତା, ପଶୁ-ପକ୍ଷୀ, କୀଟ-ପତଙ୍ଗ, ପୋକ-ଜୋକ
ସଭେ ଆମର
କୁଟୁମ୍ବଲୋକ, ସାହିଭାଇ, ଆତ୍ମୀୟ, ସୋଦର ।

ଆମର ଡଙ୍ଗର ଦେବତାର ବେକ ମୋଡ଼ି ରକ୍ତ ପିଇବାକୁ,
ମୁଣ୍ଡ ଫଟେଇ ଗୁଦି,
ବୁକୁ ବିଦାରି ଫପସ୍ ଓ
ଉଦର ଚିରି କଲିଜା ଖାଇବାକୁ
ଲାଳ ଗଡ଼ାଉଚି ଯିଏ,
କଦାପି ସେ ଦେବତା ନୁହେଁ, କଦାପି ନୁହେଁ, କଦାପି ନୁହେଁ ।

ମାଟିରୁ ଗଛକୁ, ପାଣିରୁ ମାଛକୁ
ଭିନେ କରିବାକୁ ଫାନ୍ଦ ବସାଉଚି ଯିଏ,
ଆମର ତୁଣ୍ଡକୁ, ମୁଣ୍ଡକୁ
କିଣିବା ପାଇଁ, ଜିଣିବା ପାଇଁ
ସପନ ଦେଖୁଚି ଯିଏ,
କଦାପି ସେ ଦେବତା ନୁହେଁ, କଦାପି ନୁହେଁ, କଦାପି ନୁହେଁ ।

## (ତିନି)

କାଉମାନଙ୍କର ନା, ନା.. ନା, ନା.. ଚିତ୍କାରରେ
ଝଉଁକିନା ନିଦ ଭାଙ୍ଗିଗଲା ସୂର୍ଯ୍ୟର,
ଧଡ଼୍‌ପଡ଼୍ ଉଠି ଦେଖିଲା ସେ-
ଛାତି ଫଟେଇ
ଚଟିଆମାନେ ଚିତ୍କାର କରୁଛନ୍ତି : ନା, ନା.. ନା, ନା..
ପଣ୍‌କାମାନେ ଚିତ୍କାର କରୁଛନ୍ତି : ନା, ନା.. ନା, ନା..
ମଇନାମାନେ, ଏଣ୍ଡୁଅମାନେ, ଗୁଣ୍‌ଋମାନେ, ବିଲୁଆମାନେ,
ତିତେର୍‌ମାନେ, ସମ୍ବରମାନେ, ବକୁଲ୍‌ମାନେ, ବାରିହାମାନେ
ଚିତ୍କାର କରୁଛନ୍ତି : ନା, ନା.. ନା, ନା.. ନା, ନା, ନା...

କ'ଣ ହେଲା... କ'ଣ ହେଲା... କ'ଣ ହେଲା... ?

ନାଗ୍ରର ସୂର୍ଯ୍ୟ ଦେଖିଲା-
ଯେଉଁ ଯେଉଁ ଗଛ ପଡ଼ି ଆଣ୍ଠେଇ ଏଇ ଏଇ ଠିଆହେବାର
ଶିଖୁଥିଲେ,
ଯେଉଁ ଯେଉଁ ଗଛେ ଝଟକୁଥିଲା କୁଆଁରୀ କଢ଼ର ଲାଜ ଲାଜ
ହସ,
ଯେଉଁ ଯେଉଁ ଗଛ ଦେହ-ମୁହଁରେ କୁଟେଇଥିଲେ କେତେ
ପୁରୁଷାର କଥାନୀ,
ଯେଉଁ ଯେଉଁ ଗଛ ଗହକି ଉଠୁଥିଲେ ପୋରୁହାଁ ଗର୍ଭର
ଗହକରେ,
ନାଗ୍ରର ସୂର୍ଯ୍ୟ ଦେଖିଲା-
ରାତିକ ନିଦରେ ଜଙ୍ଗଲେ ଗଛ
ହଣାଖାଇ ମରି ଶୋଇଛନ୍ତି ମାଟିରେ !

କିଏ ସେ ? କିଏ ସେ ? କାହାର ଏଡ଼େ ସାହସ ?

ଆମ ଗାଁର ସିନ୍ଦ ସିକୋକା କୋଉଠି ଥିଲା,
ଜନମକାଲା, ଜନମଘୁଂଗା ସିନ୍ଦ ସିକୋକା
କ୍ରୋଧ-ଘୃଣାରେ ଫାଟି ପଡ଼ିଲା :
ହାରାମ୍‌ଜାଦା, ହାରାମ୍‌ଜାଦା ଦେଶ.. !

ଜନମକାଲା, ଜନମଘୁଂଗା
ଆମର ଭାଇ, ଆମର ରକ୍ତ, ଆମର ଆତ୍ମା
ସିନ୍ଦ ସିକୋକା
ଅଧିକା କିଛି କହିବା ଆଗରୁ
ଶୁଭିଲା-
'କାଟ, କାଟ, ଜିଭ କାଟିଦିଅ ଶଳାର...'
ଅମୋଘ ଆଦେଶ ।

ମହୁଲ ଖାନ୍ଦିରେ ବସି
ଭୁଜ ଓ୍ୱାଡ଼ାକା ବଜାଉଥିଲା ବଇଁଶୀ,
ପାଖ ପତ୍‌ରାରେ ସପର୍ ସପର୍ ଚରୁଥିଲେ ଗୋରୁ
ସାନ୍ଦଓ୍ୱାଣି ସାଉଁଟୁଥିଲା ମହୁଲର ମହକ
ଆନମନା ପଦ ଯୋଡ୍ଡୁ ଯୋଡ୍ଡୁ
ଲେଂଜୁ କାଡ୍ରାକା ଉଡୁରୁଥିଲା ସଲପଗଛ ଟିପରୁ
ଡେବିରି କାନ୍ଧରେ ସପଲତୁମ୍ବା ଝୁଲେଇ
ଗୁଡୁମ୍ ଗୁଡୁମ୍ ଛୁଟିଲା ଗୁଳି,
ଆଖି ପିଛୁଳାକେ ପଡ଼ିଲେ ଟଳି
ତିନିଜଣଯାକ ।

ଜାଣିଲୁ, ଦେଶ ଗୋଟେ ବନ୍ଧୁକ ।

ଲାକ ଓ୍ୱାଣି ଖଲିଆମାଟିରେ ପଖାଳୁଥିଲା ବାଳ,
ଆମ୍ବେ ଓ୍ୱାଣି ମୁଙ୍ଗ୍‌ନିଶିଳରେ ରଗଡୁଥିଲା ଲେଡ଼ି,
ବାୟୁଁ ଓ୍ୱାଣି ରିଠାଫେଣରେ ମାଜୁଥିଲା ଖଗଲା,
ଫୁଲେ ଓ୍ୱାଣି ଦାନ୍ତରେ କାନି କାମୁଡ଼ି ଚିପୁଡୁଥିଲା ଶାଢ଼ୀ,
ଜିମ୍ବ ଓ୍ୱାଣି ଚୁଆଁପାଣିରେ ଭରୁଥିଲା ଘୁମୁରି,
ଚଂପେ ଓ୍ୱାଣି ସରୁବାଲିରେ ଘଷୁଥିଲା ରୂପାର ପଇଁରି,
ଘାଉଁକିନା ବୁଟା ଉହାଡ୍ରୁ ଝାଂପି ପଡ଼ିଲେ
ପଲେ ଡାହାଳ କୁକୁର
ଦାଢୁଆ ନଖ, ମୁନିଆ ଦାନ୍ତ ପସାରି ।

ଜାଣିଲୁ, ଦେଶ ଗୋଟେ ଧର୍ଷଣକାରୀ ।

ଆଖି ଆଗରେ ଭସ୍‌ଲିଗଲା ଝାଟିମାଟିର କାନ୍ଥି,
କାନ୍ଥିରେ ଅଙ୍କା ଗଛ, ମାଛ, ମୟୂର
ଆଖି ଆଗରେ ଘୋର୍‌ଲୋ କରି ଘର୍‌ଲିଗଲା ଛାନି,
ଛାନିରେ ଲଟେଇଥିବା ଲାଉଲହ, କୁମୁଡ଼ାଲହ, ଝିଙ୍କର

ଲୋପି ହୋଇଗଲା ଏନ୍ଦୁଡ଼ିଶାଳ, କଟେନ୍, ଚୁଲି,
ଦଲମ୍‌ରେ ବନ୍ଧା ବିହାମୁକୁଟ,
ପିତୃପିତାର ପିଦର
ଉଜୁଡ଼ିଗଲା ଧାଙ୍ଗଡୀ ବସା, ମୁଲ୍‌କି ହସା,
ଢ଼ାପ୍ ନାଚ, କୁରେଫୁଲର କହଁର
ଉଜୁଡ଼ିଗଲା ଧାରନୀଗୁଡ଼ି, ଟାକୁପରବ, ଟୋକି ପରବ,
ସଂଚି ରଖିଥିବା ଲୋନ୍ଦିସୁନା, ଖୋରିଗିନା,
ଛେଳି, କୁକୁଡ଼ା, ମକା, ମାଣ୍ଡିଆ, କେନ୍ଦୁଲ ।

ଜାଣିଲୁ,
ଦେଶ ଗୋଟେ ଡୋଜର୍ ମେସିନ୍,
ଦେଶ ଗୋଟେ ଖଙ୍ଗାର ।

## (ଲୋରି)

କାନ୍ଦନି, କାନ୍ଦନି ଆୟାମାନେ, ଆବାମାନେ
ଝରାଅନି ଲୁହ,
ତମର ଛାତି ଭିତରେ ରୁମ୍‌କୁ ଥିବା ନିଆଁ
ଲୁହରେ
ଲିଭିଯାଇପାରେ ।

ଡରନି, ଡରନି ବାବୁମାନେ, ବୁଇମାନେ
ହିମ୍ମତ ହାରନି,
ତମର ଶିରାପ୍ରଶିରାରେ ଡହକୁଥିବା ସୂର୍ଯ୍ୟ
ଡରରେ
ଡୁବିଯାଇପାରେ ।

ଦେଖ,
କଟାହେଲା ପରେ ବି ବଂଚିଛି ମୁଁ,
କଟାହେଲା ପରେ ବି କଥା କହୁଛି,

ମୁଁ ସିନ୍ଦ ସିକୋକାର କଟାଜିଭ,
ଡରିନି କି ହାରିନି କି ମରିନି,
କଟାହେଲା ପରେ ବି ତମ କାନରେ ଗୀତ ଗାଉଛି !

କାନ୍ଦନି, କାନ୍ଦନି ଆୟାମାନେ, ଆବାମାନେ କାନ୍ଦନି
ଡରନି, ଡରନି ବାବୁମାନେ, ବୁଇମାନେ ଡରନି
ସିନ୍ଦ ସିକୋକାର କଟାଜିଭ ମୁଁ ଗୀତ ଗାଉଛି,
ଶୁଣ, ପାଳି ଧର:
'ଦେଶ ଗୋଟେ ଜହ୍ଲାଦ, ଦେଶ ଗୋଟେ ତସ୍କର ।'

ଦେଶର ଲହ ଲହ ଶୋଷ
ଲୋଡୁଛି ଆମର ତଟକା ରକ୍ତ
କାନ୍ଦନି, କାନ୍ଦନି ଆୟାମାନେ, ଆବାମାନେ କାନ୍ଦନି
ଦେଶର ଡହଡହ ଭୋକ
ଲୋଡୁଛି ଆମର ମାଂସ-ମେଦ-ହାଡ଼
ଡରନି, ଡରନି ବାବୁମାନେ, ବୁଇମାନେ ଡରନି

ସିନ୍ଦ ସିକୋକାର କଟାଜିଭ ମୁଁ ଗୀତ ଗାଉଛି,
ଶୁଣ, ପାଳି ଧର:
'ଦେଶ ଅମଣିଷ, ଦେଶ ଅବିବେକ,
ଦେଶ ନୃଶଂସ, ନିର୍ମମ, ବର୍ବର
ଦେଶକୁ ଠିଆ ଫାଡ଼ି ନଦେଲେ
ଆଉ ତ୍ରାହି ନାହିଁ, ତ୍ରାହି ନାହିଁ, ତ୍ରାହି ନାହିଁ ଆମର ।'

# ଜଙ୍ଗଲି ଗୀତ

ତା'ର ସୁରାକ୍ ପାଇଁ
କନ୍ଦିବିକନ୍ଦି କୁକୁର ପରି ଶୁଙ୍ଘି ବୁଲୁଥିଲେ ଗୁପ୍ତଚର,

ତାକୁ ବାନ୍ଧିବା ପାଇଁ
କନକନ, ଛନଛନ ହେଉଥିଲେ ହ୍ୟାଣ୍ଡକପ୍, ଜଂଜିର,

ତା'ର ତାଜାରକ୍ତ ଚାଟିବା ପାଇଁ
ଲହଲହ ଲାଳ ଗଡ଼ାଉଥିଲେ ରାଇଫଲ୍, ପିସ୍ତଲ୍,

ତାକୁ ହାଉଁହାଉଁ ଗିଳିବା ପାଇଁ
ପେଟ ଖାଙ୍କେଇ ଆଁ କରି ତକେଇଥିଲା କାରାଗାର,

ତା' ନାଁରେ ଥିଲା ଇନାମ୍, ପାଞ୍ଚଲକ୍ଷ,
ଧରେଇ ଦେଲେ ଜୀବନ୍ତ ବା ମୃତ,

ନା ସେ ଥିଲା ଖୁନୀ,
ନା କୌଣସି ଦୁର୍ଦ୍ଦାନ୍ତ ଡକେଇତ,

ସେ ତ ଥିଲା
ସୁଦୁବୁଦୁ ଗୋଟେ ମଳିମୁଣ୍ଡିଆ ଗୀତ !

ତାଳପତ୍ର କି ପଥରରେ
ଖୋଦେଇ ହୋଇନଥିଲା,
ଛପା ଯାଇନଥିଲା
କୋଉ ସଂଭ୍ରାନ୍ତ ପତ୍ରିକା କି ରବିବାର ସାହିତ୍ୟ ପୃଷ୍ଠାରେ,
ତାକୁ ନେଇ ତିଆରି ହୋଇନଥିଲା ଆଲ୍‌ବମ୍,
ବାଜୁ ନଥିଲା ରେଡ଼ିଓ କି ଟିଭିରେ,
ମ୍ୟୁଜିକ୍ ସ୍କୁଲ୍‌ରେ ଶିଖାଯାଉନଥିଲା,
ତା'ର ରାଗ ନଥିଲା ମଲ୍ଲାର କି ଭୈରବୀ...
ସେ ଗୀତକୁ ଲେଖିନଥିଲେ
କୌଣସି ପଦ୍ମଭୂଷଣ କି ବିଭୂଷଣ କବି-ମହାକବି !

ସେ ଗୀତର
କେଇ ପଦ ଫାନ୍ଦିଥିଲା କ୍ଷତାକ୍ତ ଜଙ୍ଗଲ
କେଇପଦ ରିକ୍ତ ମହୁଫେଣା
କେଇପଦ ଫାନ୍ଦିଥିଲା ପ୍ରପାତର ପ୍ରେତ,
କେଇପଦ ଧର୍ଷିତା ଝରଣା,
କେଇପଦ ଫାନ୍ଦିଥିଲା ଧୂଆଁରେ ଉକୁବୁକୁ ଆକାଶ,
କେଇପଦ ଜଣ୍ଡିସ୍ ଆକ୍ରାନ୍ତ ଜହ୍ନ,
କେଇପଦ ଫାନ୍ଦିଥିଲା ପବନର ବୁକୁଦୁହାଁ କାଶ,
କେଇପଦ ନୀଡ଼ହରା ଚଢ଼େଇଙ୍କ କାକୁସ୍ଥ କୂଜନ,
କେଇପଦ ଫାନ୍ଦିଥିଲା ଡିନାମାଇଟ୍‌ରେ ମର୍ମାହତ ପଥର
କେଇପଦ ପାଉଁଶ ଚରିଯାଇଥିବା ଖେତ,
କେଇପଦ ଫାନ୍ଦିଥିଲା ଡୋଜର୍ ଦଂଶନରେ ଦରମରା ଗାଁର
କ୍ଷତ, ରକ୍ତ, ଆକ୍ରୋଶ ଓ ଅଭିସଂପାତ ।

ସେମାନେ କେହି
ନିରୋଳାରେ ବସି
ଭାବିଚିନ୍ତି, ମାପିଯୋଖି ଲେଖିନଥିଲେ ସେ ଗୀତ,

ଉଛୁଳି ପଡ଼ିଲେ ଆକାଶ, ଯେମିତି
ଝରଝର ଝରିଯାଏ ମାଟିରେ,
ଶୁଖିଲା ଓଠକୁ ଓଦା କରେ, ଟାଙ୍ଗରା ଖେତକୁ ଶାଗୁଆ,
ସେମିତି ଉଛୁଳି ପଡ଼ିଥିଲା ସେମାନଙ୍କ ବ୍ୟଥା,
ସେମାନଙ୍କ ଆକ୍ରୋଶ, ଅସହାୟତା
ଓ ଆପଣା ଛାଏଁ ଗୀତ ହୋଇ ଝରିଥିଲା ସେମାନଙ୍କ ଓଠରେ,
ଭେଦି ଯାଇଥିଲା ସେମାନଙ୍କ ଲୋମକୂପରେ,
ଜରିଯାଇଥିଲା ରକ୍ତରେ ।

ସେ ଗୀତ ଖଳଖଳ ଖଳଖଳ ବହିଲା,
ବହିଚାଲିଲା ସେମାନଙ୍କ ଶିରାପ୍ରଶିରାରେ !

■

ସେ ଗୀତ ଏବେ ଗଛ,
ଯାହାକୁ କାଟିପାରୁନି କୁରାଢ଼ି କି କରତ,
ଭାଙ୍ଗିପାରୁନି, ଉପାଡ଼ିପାରୁନି ଝଡ଼ ।

ତାଡ଼ିପାରୁନି, ଚୂରିପାରୁନି, ଉଖାଡ଼ିପାରୁନି
କଳ-ବଳ-କୌଶଳ,
ସେ ଗୀତ ଏବେ ପାହାଡ଼ ।

ସେ ଗୀତ ଏବେ ଝରଣା,
ଖିଲିଖିଲି ହସକୁ ତା'ର ରୋକିପାରୁନି କେହି,
ଛମ୍‌ଛମ୍ ନାଚର କେହି କରିପାରୁନି ଛନ୍ଦପତନ ।

ସଭିଏଁ ଶୋଇ ପଡ଼ିଲା ବେଳେ
ସ୍ୱପ୍ନମାନଙ୍କୁ ପଣତ ଘୋଡ଼େଇ ଜଗିରହିଛି ଅପଲକ, ଏକା,
ସେ ଗୀତ ଏବେ ପୁନେଇଁର ଜହ୍ନ ।

ସେ ଗୀତ ଏବେ ହୁତାଶନ,
ଧାସରେ ତା'ର ପାଉଁଶ ହୋଇ ଝରିପଡୁଚି
ବନ୍ଧୁକ ଉଞ୍ଚେଇଥିବା ହାତ ।

ସେ ଗୀତ ଏବେ ଗଳିସନ୍ଧିରେ ଘରଚଟିଆର ଘର,
ଆଉଟୁପାଉଟୁ ଭୋକ ଆଗରେ
ବେଲାଏ ପଖାଳଭାତ ।

ସେ ଗୀତ ଏବେ ହାଡ଼ାକାଡ଼ା ଗାଁ,
ତା'ର ତୋଡ଼ ଦେଖି
ଛାନିଆରେ ଛେରିପକାଉଚି ସାହୁକାର ।

ସେ ଗୀତ ଏବେ ପାହିଆସୁଥିବା ରାତି,
ସେ ଗୀତ ଏବେ ଫିଟିଆସୁଥିବା ସକାଳ ।

■

ଜଙ୍ଗଲରୁ ଖେତ, ଖେତରୁ ଗାଁ, ଗାଁରୁ ନଗର
ଘାଇଲା ବାଘ ପରି ଖେପି ଆସୁଚି ଗୀତ...

ମନ୍ତ୍ରୀ ଡାକେ, ଯନ୍ତ୍ରୀ ଡାକେ, ଡାକେ ଠିକାଦାର
ଖୁନୀ ଡାକେ, ଖଣ୍ଟ ଡାକେ, ଡାକେ ଖଙ୍ଗାର
ରକ୍ଷାକର... ରକ୍ଷାକର... ରକ୍ଷାକର...

ସିପେଇ ଖୋଜେ, ଦାରୋଗା ଖୋଜେ, ଖୋଜେ ଏସ୍ପି
କୋଉ ଗୀତ, କୋଉଠି ଗୀତ, କାହିଁ କୋଉଠି ?
ଏଇଠି ଗୀତ, ସେଇଠି ଗୀତ, ଗୀତ ସବୁଠି !

ଗୀତର ପତ୍ତା ମିଳୁନି ।

■

ତିନିତାଲାର ଚଉକି ଦିହରୁ
ନିତ୍‌ରିଯାଉଚି ଗମ୍‌ଗମ୍ ଝାଳ,
ରାଗରେ ସେ ଏକଦମ୍ ପାଗଳ-
'ସେ ଗୀତକୁ ଏନିହାଓ ତଲାସ୍ କର,
ଏନିହାଓ ଆରେଷ୍ଟ କର,
ଆରେ, ତାକୁ ଦେଖିଲା ମାତ୍ରେ ଗୁଳିକର, ମାର ।'

ଚିତ୍କାର ଏଣେ ଥମିଚି କି ନାଇଁ,
ଛୁରୀ ଭଳି ଭୁଷିହେଲା ସେ ଗୀତ ଚଉକିର ଛାତିରେ ।
ଏତେ ଦରୱାନ୍, ଏତେ ପହରା,
ଏଇ ନିଷିଦ୍ଧାଞ୍ଚଳରେ ସେ ଗୀତ ପାଦଦେଲା କେମିତି !
କିଏ, କିଏ ସେଇ ଜଙ୍ଗଲୀ ଗୀତକୁ କିଏ ଗାଉଚି ଏଠି ?

# ରସନା

ଭାତଡାଲିରେ ତ ନୁହେଁ,
ନ'ତିଅଣ ଛ'ଭଜାରେ ବି ନୁହେଁ,
ଖୀରି-ପୁରି-ଖେଚୁଡ଼ି କି
ମାଛ-ମାଉଁସ-ପଲାଉରେ
ପେଟ ପୂରୁନି, ଜିଭ ରୁଚୁନି ଯାହାର,

ଏକରଏକର ଶାଗୁଆ ଧାନଖେତ,
ମାଇଲ୍‌ମାଇଲ୍ ଜଙ୍ଗଲ-ଡଙ୍ଗର,
ଦିନକର କଅଁଳପତର,
ହଜାର ହଜାର ବର୍ଷର ପୁରୁଖା ପଥର,
ପଲପଲ ପଶୁପକ୍ଷୀ,
ରାଶିରାଶି କୀଟପତଙ୍ଗ,
ମୁଲକମୁଲକ ମଣିଷ
ଯାହାର ଓଳିକର ଆହାର,

ସେ, ଦେଖ, ମୋତେ
ଭୋକିଲା କହି ଟାପରା କରୁଚି ।

ସେ, ଦେଖେ, ମୋତେ
ଶୋଷିଲା କହି ଟାପରା କରୁଚି,
ଗିଲାସେ କି ଗଡୁଏ ନୁହେଁ,

ଝରଣାଝରଣା-ନଦୀନଦୀ-ସାଗରସାଗର ପାଣି
ମେଣ୍ଟାଇପାରୁନି
ଯାହାର କାଣିଚାଏ ଶୋଷ ।

ରାଗିବା କଥା, ରାଗିପାରୁନି,
ପାଗେଳାକୁ ଦେଖି
ମୋତେ ଖାଲି ହସ ମାଡୁଚି, ହସ !

ପେଜ-ଶାଗରେ
ଖେଳିକୁଦି ବିତୁଚି ବେଶ୍ ଦିନ ମୋର,
ନାଚଗୀତରେ ରାତି ।

ଖେଳର ଗୋଡ଼ହାତକୁ
ରେକେଟିରେକେଟି ଯିଏ ରସ-ଶସ ଖୋଳୁଚି,
ନାଚର ଛାତିରୁ ଯିଏ ଉରଲି ନେଉଚି ଯିଏ ଥଲ୍ ଥଲ ମାଉଁସ
ଗୀତର ଯିଏ ତଣ୍ଟି କଣାକରି ଚାଁ, ଚାଁ ରକତ ଶୋଷୁଛି
ସେ, ଦେଖ, ମୋର ପେଜଖୁରିରେ
ଆ-ହା କହି
ଫୋପାଡ଼ି ଦେଉଚି ତିନିଦିନର ବାସିରୁଟି ।

ନରାଗି ଆଉ ରହିପାରନ୍ତି ମୁଁ?
ଗର୍ଜୁଚି : ଏଇଠୁ ଏଇନା
ଯାଉଚୁ ନା, ଶଳା, ଦେଖିବୁ !

ତମେ ଆପଣେ ଦେଖଣାହାରି,
ଭଦର୍‌ଲୋକ,
ହାଁ... ହାଁ... କହି
ନାସା କୁଂଚେଇ ବାଣୀ ଝାଡୁଚ ମୋତେ :
ରସନା ସଂଯତ କର, ବାବୁ ।

■

## ପୃଷ୍ଠବନ୍ଧ

# ଖେତପୁରାଣ : ମୂଳନିବାସୀ-ଅସ୍ମିତାବୋଧର ପ୍ରତିରୋଧ-ଗାନ

ଅଖିଳ ନାୟକ ଓଡ଼ିଆ କବିତାରେ ଏଭଳି ଜଣେ ନିଷ୍ଠାପର, ପ୍ରଚଣ୍ଡ, ଅନ୍ତରଙ୍ଗ ସ୍ୱର, ଯାହା ମାଟିରୁ ସଂଚରି ମାଟିର ମଣିଷ ଯାଏଁ ପହଞ୍ଚେ, ଆଉ ସେମାନଙ୍କ ମୂଳନିବାସୀ ଅସ୍ମିତାରେ ମହିମାନ୍ୱିତ ଏକ 'ଖେତପୁରାଣ' ରଚେ।

ସାରା ପୃଥିବୀକୁ ଗିଳିଯିବାର ଭୟଙ୍କର ରସନାକୁ ଚରିତାର୍ଥ କରିବାକୁ ଯାଇ, ମାଟିରୁ ମଣିଷକୁ ଓପାଡ଼ି ଫିଙ୍ଗିଦେବାର ଶାସକୀୟ ଅଧିପତ୍ୟଶୀଳ ସାଂସ୍କୃତିକ ଆକ୍ରମଣ ବିରୁଦ୍ଧରେ 'ଖେତପୁରାଣ'ର ଏହି ଅସ୍ମିତାବୋଧଟି ଲକ୍ଷଣୀୟ ଭାବରେ ନଖଦନ୍ତବିହୀନ ଉଚ୍ଚାରଣ ସର୍ବସ୍ୱ ନୁହେଁ, ବରଂ ଏହା ସାମୂହିକ ପ୍ରତିରୋଧ ପାଇଁ ଅଭିପ୍ରେତ। ଅଖିଳ ଏଥି ପାଇଁ ସମକାଳୀନ ଓଡ଼ିଆ କବିମାନଙ୍କଠୁ ଉଚ୍ଚାରଣରେ ଭିନ୍ନ ଏବଂ ଅଦ୍ୱିତୀୟ । ଲୋକାୟତ କଳାତ୍ମକତା ସହ ସାମାଜିକ ଅଙ୍ଗୀରବଦ୍ଧତାକୁ ନେଇ ତାଙ୍କ କବିତ୍ୱ ନିଃସନ୍ଦେହରେ ଅତୁଳନୀୟ। ଆଦୌ ଅରାଜନୈତିକ ନୁହେଁ ତାଙ୍କର 'ଖେତପୁରାଣ'। ବରଂ ଆମ ସମାଜର ଉଚ୍ଚ ଜାତି-ଉଚ୍ଚ ଶ୍ରେଣୀ ଶାସକୀୟ ସତ୍ତାର ସ୍ୱରୂପ ଯେ ବ୍ରାହ୍ମଣ୍ୟବାଦୀ-ପୁଞ୍ଜିବାଦୀ, ଏକଥା ସେ ରାଜନୈତିକ ଶବ୍ଦାବଳୀର ସହାୟତା ନ ନେଇ ପ୍ରାଞ୍ଜଳ ଭାବରେ କାବ୍ୟାୟିତ କରିପାରନ୍ତି।

*'ଖେତପୁରାଣ'ର ରଏବାରୁ ନାଏକକୁ ନିଜକୁ ଚିହ୍ନାଇ ଦେବା ଲାଗ କବି*

*ଅଖିଳ ନାୟକ ଲେଖନ୍ତି:*

*ରଏବାର ଦିନ ଜନମିଥିଲୁ ତୁ,*
*ତେଣୁ ତୋର ନାଁ ଦିଆଗଲା ରଏବାରୁ।*
*ତୋତେ ହରେକୃଷ୍ଣ, କି ବିଜୟାନନ୍ଦ, କି ଜାନକୀବଲ୍ଲଭ*
*ନାଁ ଦେଲା ଭଳି ଅକଲ ଅର୍ଜି ନଥିଲା ତୋର ଆବା*
*କାରଣ, ସେ ପଢ଼ି ନଥିଲା ରାମାୟଣ, ପଢ଼ି ନଥିଲା ମହାଭାରତ।*
*ଜଙ୍ଗଲ ସହିତ ଯୁଝି, ଖୁଁଟ୍ କାଟି, ସେ ବସେଇଥିଲା ଗାଁ*
*ପଥର ସହିତ ଯୁଝି, ମାଟି ତାଡ଼ି, ନିମ୍ରେଇଥିଲା ଖେତ*
*କୋଡ଼ି କୋଦାଳରେ ସେ ରଚିଥିଲା*
*ଧାନ-ମୁଗ-ସୁଆଁ-ମାଣ୍ଡିଆର କିସମ କିସମ କବିତା, ବାନି ବାନି ଗୀତ*
*ଖେତ ହିଁ ଥିଲା ତା'ର ପୋଥିପୁରାଣ, ଖେତ ହିଁ ଥିଲା ଭାଗବତ।*

ହରେକୃଷ୍ଣ / ବିଜୟାନନ୍ଦ / ଜାନକୀବଲ୍ଲଭ ନାମବାଚକ ଏହି ତଥାକଥିତ ଉଚ୍ଚ ଜାତି-ଉଚ୍ଚ ଶ୍ରେଣୀର ସାଂସ୍କୃତିକ ଆଧିପତ୍ୟ ସହିତ ଯୋଡ଼ି ହୋଇରହିଥିବା ଶାସନତନ୍ତ୍ରର ଜାଗତିକ ଲୁଣ୍ଠନ, ଦମନ ଓ ଶୋଷଣକୁ ନିର୍ବିରୋଧ କରିବା ଷଡ଼ଯନ୍ତ୍ର। ଷଡ଼ଯନ୍ତ୍ର ଅନୁସାରେ ରଏବାରୁ ନାଏକମାନଙ୍କ ଧରଣୀପେନୁ, ଭୀମା ଦେବତା ଯେପରି ରାଷ୍ଟ୍ରୀୟ ଦିଅଁ ଆଗରେ ଦୁର୍ବଳ ହୋଇଯାନ୍ତି। ବିକାଶ ନାମରେ ନିଜ ଖେତ ଓ ଗାଁ ସବୁକିଛି ହରାଇ ରଏବାରୁ ଏକଥା ବୁଝିଲା ବେଳକୁ ସେଇଠି କୁଢ଼କୁଢ଼ ହାଡ଼ ଉପରେ ଠିଆ ହୋଇଥାଏ ରାଷ୍ଟ୍ରୀୟ ବିକାଶର ମନ୍ଦିର: ଆଉ ସବୁ ମନ୍ଦିର ପରି ମନ୍ଦିର ବାହାରେ ସେ ଅଛୁଆଁ, ତେଣୁ ମନ୍ଦିର ଭିତରେ ପ୍ରବେଶାଧିକାରରୁ ବଞ୍ଚିତ। ଦିବ୍ୟତାର ମୁଖାତଳେ ସେଇଠି ସେଇ ମନ୍ଦିରରେ ପଲପଲ ଚିଲ, ଶାଗୁଣା, ଛଞ୍ଚାଣ, କୁକୁର। ସବୁ ଭୂଇଁ ଶ୍ମଶାନିତ।

ପ୍ରକୃତି ସହ ଗଭୀର ଆତ୍ମୀୟତା ଓ ନିଜ ନିଜ ସହ ଗୋଷ୍ଠୀବଦ୍ଧତାରେ ମୂଳନିବାସୀ ଯେଭଳି ସ୍ମୃତିରେ ଧନୀ, ତାକୁ ହୀନମନ୍ୟ କରିପାରିଲେ ଯାଇ ଔପନିବେଶିକ ଲୁଣ୍ଠନ ସମ୍ଭବ। ଏଥିପାଇଁ ଉଚ୍ଚ ଜାତି-ଉଚ୍ଚ ଶ୍ରେଣୀକୁ ନେଇ ରାଷ୍ଟ୍ରସତ୍ତା ସେମାନଙ୍କ ବିରୁଦ୍ଧରେ ନୀତିଗତ ଭାବରେ ସାଂସ୍କୃତିକ ଆକ୍ରମଣ ଚଳାଇ ଆସୁଛି। କହିବାବାହୁଲ୍ୟ ମୂଳନିବାସୀ ଏଇଠି ମୂଳତଃ ଆଦିବାସୀ ଦଳିତ। ଅଖିଳ ମାନବୀୟ ଶ୍ରମର ସୌନ୍ଦର୍ଯ୍ୟରେ ଗୌରୋବୋଜ୍ଜ୍ୱଳ ତା'ର ଅସ୍ମିତାବୋଧକୁ, ଆକ୍ରମଣକାରୀ ରାଷ୍ଟ୍ରଶକ୍ତି ବିପକ୍ଷରେ ଠିଆ କରନ୍ତି। ନିଜର ସବୁକିଛି ହରାଇ ଶେଷରେ ଉଚ୍ଚଜାତି ଉଚ୍ଚ

ଶ୍ରେଣୀଙ୍କ ଦାସାନୁଦାସ ପାଲଟୁଥିବା ରଏବାରୁ ମାନେ ନିଜକୁ ପଚାରନ୍ତୁ ବୋଲି ଅଖିଳ ଚାହାନ୍ତି ।

*ମନ୍ଦିରରେ ଝାଡୁ ମାରିବାକୁ, କଫି ବାଗାନ୍‌ରେ କଫି ତୋଳିବାକୁ*
*କିଏ ବରଗିଛି ତୋତେ ? କାହିଁକି ? ପଚାର୍ ।*
*ଫାର୍ମ ହାଉସ୍‌ରେ ଅଇଁଠା ହାଡ଼, ମାଛକଣ୍ଟା ଓ କାଚ ଟୁକୁରା ଗୋଟାଇ ଗୋଟାଇ*
*କାହିଁକି ତୁ ହେବୁ ରକ୍ତ ସରସର ? ପଚାର୍ ।*
*କେନ୍ଦୁଡଙ୍ଗରି ଗାଁ ଏବେ କେଉଁଠି ? ପଚାର୍ ।*
*ଗାଁର ନାଏକ କୁଆଡ଼େ ଗଲା ? ନିଜକୁ ପଚାର ।*
*କୁଆଡ଼େ ଗଲା ତା'ର କଟ୍‌ରୀ, ଟାଙ୍ଗିଆ, ବର୍ଚ୍ଛା, ଧନୁଶର ? ପଚାର୍ ।*

ମାଟିର ମୂଳନିବାସୀ ଆଦିବାସୀର କଳ୍ପନାରେ, ଯେଉଁଠି ମଣିଷ ଉପରେ ମଣିଷର ଶୋଷଣର ସ୍ଥାନ ନାହିଁ, ଯେଉଁଠି ସକଳ ପ୍ରାଣୀଙ୍କ ସମେତ ପ୍ରକୃତି କୋଳରେ ସହଭାଗିତାରେ ସେ ବଞ୍ଚିଆସୁଛି, ସେଇଠି ବିକାଶ ନାମରେ ତାର ଭିଟାମାଟିରୁ ବର୍ବରୋଚିତ ଭାବରେ ତାକୁ ଉତ୍‌ଖାତ କରିଆସୁଛି ରାଷ୍ଟ୍ରସତ୍ତା, କେବଳ ନିଜ ଶ୍ରେଣୀ ସ୍ୱାର୍ଥ ପାଇଁ । ରାଷ୍ଟ୍ର ବା ଦେଶ ଗଠନ ପୂର୍ବରୁ ହିଁ ସେ ଯେଉଁଠି ଜୀବନ ଜୀଇଁଆସୁଛି, ସେହି ବଣ ପାହାଡ଼ ଉପରେ ତାର ଅଧିକାର ନାହିଁ ବୋଲି ରାଷ୍ଟ୍ର ଦାବୀ କରୁଛି । ଅଥଚ କେବେ ତାର ସୁଖରେ, ଦୁଃଖରେ ଶ୍ରମରେ ଭାଗୀଦାର ହୋଇନଥିବା ରାଷ୍ଟ୍ର ନିଜସ୍ୱ ପୁଞ୍ଜିତନ୍ତ୍ରର ସଙ୍କଟରେ ତା'ପାଖରେ ବିକାଶ ଯୋଜନା ନେଇ ଭଲେଇ ହେଉଛି । ଆଦିବାସୀ ପାଇଁ ଦେଶ ବୋଲି କିଛି ନଥିଲା । ଯାହା ଥିଲା ମାଟି, ପାଣି, ପବନ, ନିଆଁ, ଆକାଶର ଏକ ମୁକ୍ତାୟନ । ବ୍ୟକ୍ତିଗତ ସଂପତ୍ତି ଠୁଳ କରିବାର କ୍ଷୁଧା ତାର ନୁହେଁ, ଅସାମ୍ୟ ଆଧାରିତ ଅମାନବୀୟ ଅହଂ ପ୍ରତିଷ୍ଠା ତା'ର ଜୀବନ ଦର୍ଶନ ନୁହେଁ । 'ଖେତପୁରାଣ'ରେ ଦେଶକୁ କିଭଳି ଅସ୍ୱୀକାର କରିଦେଇଛନ୍ତି ଅଖିଳ, କେତେ ପ୍ରାଣବନ୍ତ କାବ୍ୟିକ ତର୍କରେ, 'ଦେଶ ଦ୍ରୋହ' କବିତାଟିର ଆରମ୍ଭରୁ, ସେହି ବ୍ୟଞ୍ଜନା ଓଡ଼ିଆ ସାହିତ୍ୟରେ କେବଳ ନୁହେଁ, ବରଂ ସର୍ବଭାରତୀୟ ସାହିତ୍ୟରେ ମଧ୍ୟ ବିରଳ ବୋଲି କୁହାଯାଇପାରେ:

*ଦେଶ ନଥିଲା...*
*ଆମର ବାପା - ଜେଜେଙ୍କ ଅର୍ଜନରେ କି ଉପାର୍ଜନରେ ।*

କହିବାରେ ଦ୍ୱିଧା ନାହିଁ, ମାଟି ସହ, ମାଟିର ମଣିଷ ସହ ନିବିଡ଼ କାବ୍ୟିକ ଆତ୍ମୀୟତା ଥିଲେ ଯାଇ 'ଦେଶଦ୍ରୋହୀ' ପରି କବିତାଟିଏ ଉତୁରିପାରେ। ଯେତେବେଳେ ଏ ମଣିଷ କେବେ ଚିହ୍ନି ନଥିବା ଦେଶର ତଥାକଥିତ ସ୍ୱାର୍ଥ (ବିକାଶ ନାମରେ ଦେଶୀ-ବିଦେଶୀ ପୁଞ୍ଜିପତି, ସେମାନଙ୍କ ଦଲାଲି ପାଉଣା ପାଇଁ ରଙ୍କୁଣା ଦଳବଳ ସହ ସରକାରର ଏବଂ ସେଇ ହତ୍ୟାଗ୍ରହ ମଧ୍ୟରେ ଖଣ୍ଡେ ହାଡ଼ ପାଇଯିବା ପରି, ଯେତେ ପ୍ରାକୃତିକ ସମ୍ପଦ ଦୋହନ ହେଉ, ଆମ ପିଲାଏ ସେଠି ଅଧିକାରୀ ହେବେ ଭାବୁଥିବା ସୁବିଧାବାଦୀ ମଧ୍ୟବିତ୍ତ ବର୍ଗର ସ୍ୱାର୍ଥ ପାଇଁ) ଆତ୍ମବଳୀ ଦେବାକୁ ମନା କରିଦେଉଛି, ତାକୁ ବିକାଶ ବିରୋଧୀ/ଦେଶଦ୍ରୋହୀ ଆଖ୍ୟା ଦିଆଯାଉଛି। ନିଜକୁ ଗଣତାନ୍ତ୍ରିକ ବୋଲାଉଥିବା ଦେଶ ବନ୍ଧୁକ ମୂନରେ ଲୋକଙ୍କୁ ବିସ୍ଥାପିତ କରୁଛି, ନରସଂହାର ଚଳାଉଛି। ଆମ ଓଡ଼ିଶାରେ କାଶୀପୁରଠୁ ନେଇ କଳିଙ୍ଗନଗର ଯାଏଁ ସେପରି ଅନ୍ଧ ଶିଳ୍ପାୟନର କାହାଣୀ ବେଶୀ ପୁରୁଣା ନୁହେଁ। ସରକାରୀ ବିକାଶ ନୀତିରେ ଶାସକ ଶ୍ରେଣୀ ହିଁ ଲାଭବାନ ହେଉଛନ୍ତି। ଅନ୍ୟପକ୍ଷରେ ଭିଟାମାଟି ହରାଉଥିବା ଜନତା ଉଦ୍‌ବାସ୍ତୁ ହୋଇ ବିସ୍ମୃତିର ଅନ୍ଧକାରରେ ହଜିଯାଉଛନ୍ତି।

ଅଖିଳଙ୍କ ଏହି କବିତାଟିରେ ଦେଶକୁ କେବେ ଜାଣିନଥିବା ମାଟିର ମଣିଷମାନେ ପ୍ରଥମ କରି ଜାଣୁଛନ୍ତି, ଦେଶ ଗୋଟେ ବନ୍ଧୁକ ବୋଲି, ଡ଼ୋଜର ମେସିନ୍ ବୋଲି, ବଳାତ୍କାରୀ ବୋଲି। ଏହାଠୁ ଆମ 'ଗଣତନ୍ତ୍ର' ପ୍ରତି ଆଉ କଣ ଧିକ୍କାର ଥାଇପାରେ! ଦେଶର ତନ୍ତ୍ର ହିଁ ଉଜାଡ଼ି ଦେଉଛି ସେମାନଙ୍କ ଘର, ଗାଁ ଜଙ୍ଗଲ ବିଲ ଓ ଜୀବନ। ହେଲେ ଏଠାରେ ରାଷ୍ଟ୍ର ସନ୍ତ୍ରାସରେ ବିଦ୍ରୋହୀ ସିନ୍ଦ ସିକକାର କଟାଜିଭ ତଥାପି ଗୀତ ଗାଉଛି, ଦମନ- ଅତ୍ୟାଚରରେ ଭାଙ୍ଗି ନ ପଡ଼ିବାକୁ କହୁଛି। କ୍ରୋଧ ଓ ଘୃଣାରେ ଦେଶକୁ ଜବାବ୍ ଦେବାକୁ ଗୀତରେ ପାଳି ଧରିବାକୁ ଡାକୁଛି ସଭିଙ୍କୁ। ପ୍ରତିରୋଧର ଜନବାଦୀ ସଂସ୍କୃତି ଏଠି ଯେଭଳି ଜୀବନ୍ମୟ ହୋଇଛି। ତାହା ବଖାଣିବା ଅନାବଶ୍ୟକ। କବିତାଟିରେ ନିୟମଗିରିରେ ବକ୍‌ସାଇଟ ଖଣିଖନନକୁ ବିରୋଧରେ ଡଙ୍ଗରିଆ ଜନ ଆନ୍ଦୋଳନର ପ୍ରତିଫଳନକୁ ଏବଂ ନିଜ ମାଟି ପ୍ରତି ଜଣେ ପ୍ରତିବଦ୍ଧ କବିଙ୍କ ତୀବ୍ର ଆଲୋଡ଼ନକୁ ଆମେ ଭେଟିପାରିବା। ଯେଉଁ ଦେଶର ତନ୍ତ୍ର ଏପରି ବର୍ବର, ଅବିବେକ, ତାହାର ସଶସ୍ତ୍ର ପ୍ରତିରୋଧ ପାଇଁ ସିନ୍ଦ ସିକକାର କଟା ଜିଭ ଆହ୍ୱାନ ଦେଉଛି:

*ସିନ୍ଦ ସିକୋକାର କଟାଜିଭ ମୁଁ ଗୀତ ଗାଉଛି,*
*ଶୁଣ, ପାଳି ଧର:*

*‘ଦେଶ ଅମଣିଷ, ଦେଶ ଅବିବେକ,*
*ଦେଶ ନୃଶଂସ, ନିର୍ମମ, ବର୍ବର*
*ଦେଶକୁ ଠିଆ ଫାଡ଼ି ନଦେଲେ*
*ଆଉ ତ୍ରାହି ନାହିଁ, ତ୍ରାହି ନାହିଁ, ତ୍ରାହି ନାହିଁ ଆମର।’*

କଟାଜିଭରେ ସିଦ୍ଧ ସିକୋକା ଯେଉଁ ଗୀତ ଗାଉଛି, ତାହାର ବିସ୍ତୃତିକୁ ଆମେ ଦେଖିବାକୁ ପାଇବା ‘ଜଙ୍ଗଲି ଗୀତ’ରେ। ଏଠାରେ ଗୀତ ହିଁ ପାଲଟିଯାଇଛି ଶୋଷଣକାରୀ-ଦମନକାରୀ ବ୍ୟବସ୍ଥା ବିରୁଦ୍ଧରେ ବେସାଲିସ୍ ଲଢ଼େଇର ହତିଆର। ଅଭିଜାତ ଶ୍ରେଣୀ ସ୍ୱାର୍ଥ ସମ୍ବଳିତ ଅବସରବାଦ ସୃଷ୍ଟ ତଥାକଥିତ ଶାସ୍ତ୍ରୀୟତାର ସମାନ୍ତରାଳ ଏ ଗୀତର ଉତ୍ସ ହେଉଛି ବ୍ୟାପକ ନିପୀଡ଼ିତ ମଣିଷର ସ୍ୱପ୍ନ ଓ ସଂଘର୍ଷ। କହିବା ବାହୁଲ୍ୟ ସାହିତ୍ୟର ମୁଖ୍ୟଧାରାରେ ଏହା ଅବହେଳିତ, କିନ୍ତୁ ଦେଶ ସତ୍ତାକୁ ଠିଆ ଫାଡ଼ିଦେବାର ଉଦଗ୍ର ଉଚ୍ଚାରଣ ସହ କବିଙ୍କ ଭାଷାରେ ସେ ଗୀତ ଏବେ ହାଟାକାଟା ଗାଁ... ଛାନିଆରେ ଛେରି ପକାଉଚି ସାହୁକାର। ନିମ୍ନଜନର କ୍ଷତ, ରକ୍ତ, ଆକ୍ରୋଶ, ଅଭିସମ୍ପାତର ବିସ୍ଫୋରଣ ଭିତରେ ଗୀତ ଏପରି ଜୀବନ୍ମୟ:

*ସଭିଏଁ ଶୋଇ ପଡ଼ିଲା ବେଳେ*
*ସ୍ୱପ୍ନମାନଙ୍କୁ ପଣତ ଘୋଡ଼େଇ ଜଗିରହିଛି ଅପଲକ, ଏକା,*
*ସେ ଗୀତ ଏବେ ପୁନେଇଁର ଜହ୍ନ।*

ଏହି ଜଙ୍ଗଲ ଗୀତ ରାଜଦ୍ରୋହ ବା ଶାସକ ଶ୍ରେଣୀର ଭାଷାରେ ଦେଶଦ୍ରୋହର ମୂର୍ତ୍ତିମନ୍ତ ପ୍ରତୀକ। ବନାଗ୍ନି ପରି ମାଡ଼ିଯିବାରେ ଦ୍ରୋହର ଏହି ଦୁର୍ବାର ପରାକ୍ରମକୁ ଶାସକ ଶ୍ରେଣୀ ଚିହ୍ନିବାରେ ଭୁଲ୍ କରେ ନାହିଁ। ତେଣୁ ଏହାର କଣ୍ଠରୋଧ କରିବାକୁ ସକଳ ରାଷ୍ଟ୍ରଯନ୍ତ୍ର ତିଆର। ଆମ ସମୟରେ ଯେତେବେଳେ ରାଷ୍ଟ୍ରଶକ୍ତି ବିକାଶ ନାମରେ ଦେଶର ବନାଞ୍ଚଳରେ ପ୍ରାକୃତିକ ସମ୍ପଦର ଦୋହନ ପାଇଁ ମୂଳନିବାସୀକୁ ଅବିଚାରିତ ଭାବରେ ଭିଟାମାଟିରୁ ବିତାଡ଼ିତ କରୁଛି, ସେମାନଙ୍କ ପ୍ରତିରୋଧର ସ୍ୱରକୁ ଦେଶଦ୍ରୋହ ଘୋଷଣା କରି ପୁଲିସ ଓ ଅର୍ଦ୍ଧସାମରିକ ବାହିନୀ ମାଧ୍ୟମରେ, ବର୍ବର ଆତଙ୍କରାଜ ଚଳାଉଛି, ଏହି ପୃଷ୍ଠଭୂମିରେ ଅଖିଳଙ୍କ ‘ଜଙ୍ଗଲି ଗୀତ’ ଆଦିବାସୀଙ୍କ ସଶସ୍ତ୍ର ଆନ୍ଦୋଳନର ଚିତ୍ରକୁ ଉଜ୍ଜୀବିତ କରେ। ଅତ୍ୟାଚାରୀ ବ୍ୟବସ୍ଥାକୁ ଉତ୍‌ଖାତ କରି ଜନଗଣ ଶାସନ କ୍ଷମତା ଦଖଲ କରିବା ପାଇଁ ଏଠାରେ ଗୀତ ହିଁ ସଂଘର୍ଷର ଅନ୍ୟ ନାମ। ତମାମ୍ ଲାଠିଗୁଳି, କଳା ଆଇନ, ଜେଲ୍ ଓ ମିଛ ଏନକାଉଣ୍ଟର୍ ମାଧ୍ୟମରେ ଏ ସଂଘର୍ଷକୁ

କାଳେ କାଳେ ଶାସକ ଶ୍ରେଣୀ ନୀରବ କରିପାରିନାହିଁ। ନିଜ କବିତ୍ୱରେ ଅଖିଳ ଯେଉଁ ନିମ୍ନଜନର ସୌନ୍ଦର୍ଯ୍ୟଶାସ୍ତ୍ର ଗଢ଼ନ୍ତି, ତାର ସବୁଠାରୁ ଶକ୍ତିଶାଳୀ ବା ଅନସ୍ୱୀକାର୍ଯ୍ୟ ଅସ୍ତିତ୍ୱଟି ଏହି ବିନ୍ଦୁରେ ପ୍ରତିଭାତ।

ନିଃସନ୍ଦେହରେ 'ଖେତପୁରାଣ' ଅଖିଳଙ୍କ ଏକ ଅନବଦ୍ୟ କୃତି। ଏଥିରେ ସନ୍ନିହିତ ପ୍ରତ୍ୟେକଟି କବିତା କାହାଣୀ ଧର୍ମୀ। କବିତାର ଶବ୍ଦଚର୍ଯ୍ୟା ସରଳ ଓ ଲୌକିକତାରେ ସୌନ୍ଦର୍ଯ୍ୟବନ୍ତ । ଲକ୍ଷଣୀୟ ଭାବରେ ଏଥିରେ କଳାହାଣ୍ଡି ମାଟିର ଭାଷାର, ମୂଳନିବାସୀ ସଂସ୍କୃତିର ସମସ୍ତ ସରଳ ମାଧୁର୍ଯ୍ୟକୁ ଭେଟିହୁଏ। ସର୍ବୋପରି କବିତାଗୁଡ଼ିକରେ ଲୋକଗୀତଛନ୍ଦର ସଫଳ ପ୍ରୟୋଗ ଓ ପ୍ରତିଫଳନ ଓଡ଼ିଆ ସାହିତ୍ୟ ପାଇଁ ଅବଶ୍ୟ ଦୃଷ୍ଟାନ୍ତମୂଳକ ଭାବରେ ଅଭିନବ ଶ୍ରୁତି ସୁଖଦ । 'ଖେତପୁରାଣ' ପ୍ରଚଣ୍ଡ ପ୍ରତିସ୍ପର୍ଦ୍ଧା ସହ ନିମ୍ନଜନର ସାଂସ୍କୃତିକ ସୌନ୍ଦର୍ଯ୍ୟଶାସ୍ତ୍ରକୁ କେବଳ ଋଦ୍ଧିମନ୍ତ କରେ ନାହିଁ, ବ୍ରାହ୍ମଣ୍ୟବାଦୀ- ପୁଞ୍ଜିବାଦୀ ବ୍ୟବସ୍ଥା ବିରୁଦ୍ଧରେ ଏକ ଜୀବନ୍ତ ପ୍ରତିରୋଧକୁ ଆଗେଇ ନେବାର କାବ୍ୟିକ ସାମର୍ଥ୍ୟ ରଖେ। 'ଖେତପୁରାଣ'ରେ ମୂଳନିବାସୀର ଅସ୍ମିତାବୋଧ ଏକ ଶ୍ରେଣୀ ସଂଘର୍ଷରେ ପ୍ରତିଷ୍ଠିତ ହୁଏ। ଏଥିରେ ସନ୍ନିହିତ ଯେକୌଣସି କବିତା ଆମୂଳଚୂଳ ଏହାର ସୁଦୃଷ୍ଟାନ୍ତ, ଯାହା ସାଧାରଣ ପାଠକଟିଏ ମଧ୍ୟ ହୃଦ୍‌ବୋଧ କରିପାରେ। ଯେତେବେଳେ କବିତା ପାଠକଠାରୁ ଦୂରେଇଯାଉଛି ବୋଲି ହୁରିପଡ଼ିଛି, ଖେତପୁରାଣ ସେହି କୁଣ୍ଠିତ ଧାରା ବିପକ୍ଷରେ ଏକ ଶକ୍ତିଶାଳୀ ବିକଳ୍ପ ସୃଜନ ବୋଲି କୁହାଯାଇପାରେ। ଓଡ଼ିଆ କାବ୍ୟ ସାହିତ୍ୟରେ ଅଖିଳଙ୍କ ଏହି ସଂକଳନସ୍ଥ କବିତାଗୁଡ଼ିକ ଜନବାଦୀଧାରାର ଏକ ଏକ କ୍ଲାସିକ୍ ସୃଷ୍ଟି ରୂପରେ ନିଶ୍ଚୟ ଜନାଦୃତ ହେବ, ଏହା ମୋର ଦୃଢ଼ ବିଶ୍ୱାସ।

**ଲେନିନ୍ କୁମାର**

୧୫ ସେପ୍ଟେମ୍ବର, ୨୦୨୦

## BLACK EAGLE BOOKS

www.blackeaglebooks.org
info@blackeaglebooks.org

Black Eagle Books, an independent publisher, was founded as a nonprofit organization in April, 2019. It is our mission to connect and engage the Indian diaspora and the world at large with the best of works of world literature published on a collaborative platform, with special emphasis on foregrounding Contemporary Classics and New Writing.

www.ingramcontent.com/pod-product-compliance
Lightning Source LLC
Chambersburg PA
CBHW021132080526
44587CB00012B/1253